DIFANG ZHENGFU
GOUMAI GONGGONG TIYU FUWU
JIXIAO PINGJIA YANJIU

地方政府
购买公共体育服务
绩效评价研究

李燕领 张新奥 牛瑞新 ◎ 著

中国财经出版传媒集团

经济科学出版社
Economic Science Press

·北 京·

图书在版编目（CIP）数据

地方政府购买公共体育服务绩效评价研究/李燕领，
张新奥，牛瑞新著 . ‒‒北京：经济科学出版社，2024.7
　ISBN 978‒7‒5218‒5900‒3

　Ⅰ.①地…　Ⅱ.①李…②张…③牛…　Ⅲ.①群众体
育‒社会服务‒政府采购制度‒研究‒中国　Ⅳ.
①G812.4

　中国国家版本馆 CIP 数据核字（2024）第 101247 号

责任编辑：梁含依　胡成洁
责任校对：李　建
责任印制：范　艳

地方政府购买公共体育服务绩效评价研究
李燕领　张新奥　牛瑞新　著
经济科学出版社出版、发行　新华书店经销
社址：北京市海淀区阜成路甲 28 号　邮编：100142
经管中心电话：010‒88191335　发行部电话：010‒88191522
网址：www.esp.com.cn
电子邮箱：espcxy@126.com
天猫网店：经济科学出版社旗舰店
网址：http://jjkxcbs.tmall.com
北京季蜂印刷有限公司印装
710×1000　16 开　11.5 印张　200000 字
2024 年 7 月第 1 版　2024 年 7 月第 1 次印刷
ISBN 978‒7‒5218‒5900‒3　定价：53.00 元
（图书出现印装问题，本社负责调换。电话：010‒88191545）
（版权所有　侵权必究　打击盗版　举报热线：010‒88191661
QQ：2242791300　营销中心电话：010‒88191537
电子邮箱：dbts@esp.com.cn）

前　言

2013 年，国务院办公厅发布了《关于政府向社会力量购买服务的指导意见》，其中对政府购买服务的绩效评价做出了相关规定。2015 年开始，不少地方以工作文件和通知公告的形式单独对政府购买服务绩效评价工作做出了规定。2013 年至今，中央和地方主要围绕政府购买公共服务绩效评价办法和第三方评价机制做出具体的制度安排，我国政府购买公共服务改革取得长足进展。

"十三五"时期，我国体育改革发展虽然取得了一系列显著成就，但体育发展不平衡、不充分的问题依然突出。习近平总书记主持召开教育文化卫生体育领域专家代表座谈会，指出"体育是提高人民健康水平的重要途径，是满足人民群众对美好生活向往、促进人的全面发展的重要手段，是促进经济社会发展的重要动力，是展示国家文化软实力的重要平台"。地方政府购买公共体育服务是国家体育事业高质量发展的重要制度安排，而如何科学有效地评价我国地方政府购买公共休育服务绩效成为时代发展的必然议题。本书运用文献资料法、案例分析法、比较分析法等方法分析了地方政府购买公共体育服务的运作机制和实践运作模式，构建了地方政府购买公共体育服务绩效评价指标体系，并运用模糊层次分析法对地方政府购买公共体育服务绩效进行了实证分析。

地方政府购买公共体育服务还需要进一步明确购买、承接、使用、评价等主体的职责，制定购买服务标准，确立购买内容及依据，简化购买服务流程，通过科学的评审和立项，以合同形式监管考核购买流程。地方政府需要大力培育和扶持体育社会组织的成长，进行政策扶持或资金扶持，并加强体育社会组织内部管理的规范性，提升资质。此外，还应该强化地方政府购买公共体育服务的制度建设，将具体购买内容、监督过程等方面的责任纳入政府购买行为的绩效评价中，促进地方政府购买公共体育服务的科学化和规范化发展。

目　录
Contents

第一章 绪　　论

第一节　研究背景及意义

一、研究背景

20 世纪 70 年代，伴随市场化、信息化和全球化的快速推进，西方发达国家政府行政管理进入了行政大变革的时代，强调将竞争机制引入公共服务（Public Service）供给过程，以促进公共服务供给效率的提高和供给质量的改善。党的十八大报告把基本公共服务均等化总体实现列为 2020 年实现全面建成小康社会宏伟目标的重要内容[①]。中国共产党第十八届中央委员会第三次全体会议指出，凡属事务性管理服务，原则上都要引入竞争机制，通过合同、委托等方式向社会购买[②]。党的十九大报告指出，我国社会主要矛盾已经转化为人民日益增长的美好生活需要和不平衡不充分的发展之间的矛盾[③]。经过 40 多年的改革开放，公共服务体制机制得到不断完善，更多社会主体参与到公共服务提供中，但是大部分公共服务的直接生产者和提供者仍然是各级地方政府，无法及时准确掌握公共服务需求的变化，难以满足公众多样化的

---

① 中国共产党第十八次全国代表大会 ［DB/OL］. 共产党员网，https：//www. gov. cn/govweb/18da/lcddh. htm？ eqid＝a905a009000038ae0000000464633a20.

② 中国共产党第十八届中央委员会第三次全体会议 ［EB/OL］. https：//www. chinanews. com. cn/gn/z/18szqh/index. shtml？ qq－pf－to＝pcqq. c2c.

③ 中国共产党第十九次全国代表大会 ［DB/OL］. 共产党员网，http：//www. 12371. cn/special/19da/bg.

公共服务需求，造成公共服务供给与需求不匹配的现象产生。政府购买公共服务作为公共服务供给的一种创新性举措，体现了全面为人民服务的宗旨，顺应了人民民生改善的新期待。

2013 年，国务院办公厅发布的《关于政府向社会力量购买服务的指导意见》提出建立健全由购买主体、服务对象及第三方组成的综合性评审机制，对购买服务项目数量、质量和资金使用绩效等进行考核评价。评价结果向社会公布，并作为以后编制政府向社会力量购买服务预算和选择政府购买服务承接主体的重要参考依据[①]。2014 年 12 月，财政部、民政部、原工商总局制定《政府购买服务管理办法（暂行）》，对政府购买服务的主体、对象、内容、程序、预算管理、绩效和监督管理做出了规范。公共体育服务的发展水平是彰显国家体育竞争力的重要手段和标志之一。近年来，国家相关政策和措施的不断出台和完善，进一步规范了我国公共体育服务事业的发展。

《体育发展"十三五"规划》提出要进一步健全政府购买公共体育服务的体制机制，完善资金保障、监督管理、绩效评价等配套政策，创新体育社会组织管理方式[②]。国务院办公厅发布的《体育强国建设纲要》提出加大政府向社会力量购买公共体育服务的力度，加强对政策执行情况的评价督查等[③]。近年来，政府购买公共体育服务绩效评价的研究多侧重于对承接公共体育服务的机构进行绩效评估，而忽视了对购买方——政府部门进行评估。基于此，本书通过构建地方政府购买公共体育服务绩效评价指标体系，为有效评价地方政府公共体育服务供给水平提供参考，促进地方政府购买公共体育服务的科学化和规范化发展。

二、研究意义

本书旨在为地方政府购买公共体育服务绩效评价提供借鉴，具有较强的

---

① 国务院办公厅. 关于政府向社会力量购买服务的指导意见［DB/OL］. www. gov. cn/xxgk/pub/govpublic/mrlm/201309/t20130930_ 66438. html, 2013. 09. 26.

② 国家体育总局. 体育发展"十三五"规划［R］. https://www. sport. gov. cn/n315/n330/c723032/content. html.

③ 国务院. 关于印发体育强国建设纲要的通知［R］. http://www. gov. cn/zhengce/content/2019 - 09/02/content_5426485. htm, 2019. 09. 02.

理论意义与实践意义。

（一）理论意义

（1）全面地为地方政府购买公共体育服务绩效评价研究提供理论参考。

（2）科学地进行地方政府购买公共体育服务绩效评价，进一步拓展了地方政府公共服务绩效评价的研究领域。

（3）系统地评价地方政府购买公共体育服务的绩效水平，进一步明确了地方政府购买公共体育服务绩效评价的思路。

（二）实践意义

（1）有助于促进地方政府购买公共体育服务行为的规范化、主体的多元化、监管的全程化和评价的科学化。

（2）进一步明确了地方政府公共体育服务绩效评价的流程监管，促进了地方政府购买公共体育服务的规范化发展。

（3）为有效评价地方政府购买公共体育服务绩效提供更加科学且操作性强的方案，提高了地方政府公共体育服务供给水平。

第二节 文 献 综 述

一、国外文献综述

（一）关于地方政府公共服务的研究

英国的托马斯·霍布（Thommas Hobbes，1651）在《利维坦》（*Leviathan*）一书中指出，国家就是一大群人相互订立新约，每人都对它的行为授权，以便使它能按其认为有利于大家的和平与共同防卫的方式运用全体力量和手段的一个人格。保罗·萨缪尔森（Paul A Samuelson，2008）主张政府提供公共服务和公共产品。当然，一些学者在政府失灵的基础上提出公共服务的市场化。萨瓦斯（Savas，2002）认为，政府并不是公共产品的唯一供给者，可以适当地引入市场手段，如政府服务、政府出售、政府间协议、合同承包、特许经营、政府补助、凭单制、自由市场、志愿服务等。美国经济学家迈克尔·麦金尼斯（Michael Mcginnis，2000）研究认为，公民的服务不能由政府完全供给，而是多个主体参与下共同服务于公民的服务需求。萨瓦斯（2017）提出"民营化"，即政府在提供公共服务的过程中引入市场机制，如果实施恰当，则能够显著提升效率和效益。埃莉诺·奥斯特罗姆（Elinor Ostrom，2018）将提供和生产两个概念进行了区分，认为政府不是唯一的公共服务生产者，私人部门也可以参与进来。博伊恩（Boyne，1998）认为政府购买公共服务作为一种市场化改革的工具，其优势主要体现在通过缓解公共服务供需矛盾来促进社会组织形成规模经济，降低劳动力成本，以激励手段改善官僚制公共服务供给模式的无效率困境。美国学者费瑞恩和格兰迪（Ferris and Granddy，1986）认为，政府购买公共服务产生效率主要得益于成本节约，而成本节约又得益于规模经济、劳动分工导致的部门差异以及供应商竞争三方面。此外，一些学者在政府购买公共服务理论与机制等方面也进行了积极探讨。学者多姆和里默（Dom Berger S and Rimmer S，1994）认为公共部门或组织经常对承包商缺乏竞争力或串通投标行为的前景表示关切。学者布伦达尔（Blöndal J R，2005）指出外包已被证明适用于广泛的政府服务，公私伙伴关系的使用程度低于人们的预期，凭证使用在很大程度上取决于其如何定义。

（二）关于地方政府公共服务绩效评价方法的研究

政府公共管理中的绩效评价在西方发达国家已是一项比较成熟的制度，始于20世纪初的美国效率政府时期。学者伊波利和莱恩（Eboli and Lai，2011）采用结构方程法对城市公交服务的满意度进行了评价。学者米勒（Millar，2012）考察了人力资源培训对五个加拿大国家体育组织及其管理者绩效的影响，收集了三个结果变量（学习、个人绩效、组织绩效）、三个中介变量（迁移动机、培训设计、组织气氛）和三个时间尺度（预培训、培训中、培训后）。学者博伊恩（Boyne，2002）建立了一套综合考评公共服务的产出、效率、结果、回应性和民主等15个评价指标。学者纽克默（Newcomer，2002）将政府公共服务绩效评价的指标设计为投入、过程、产出和结果等维度。学者道普（Dowpe，2011）认为公共服务追求的指标需要体现效益、过程、效率、公平、透明度和责任。

二、国内文献综述

国内相关文献的数量反映了政府购买公共体育服务的研究情况及其变化趋势，2010~2020年相关研究的发文数量整体处于上升的态势（如图1-1所示）。其中，2010~2013年研究文献数量较少，整体发文量年均在10篇以下；2013~2016年是政府购买公共体育服务研究的快速上升时期；2016~2020年呈现出波动的状态，波动的最低值为41篇。2010~2020年，文献数量的最低值出现在2012年（仅有2篇），最高值出现在2018年（多达64篇）。从总体上来看，近几年对该领域的研究仍然保持着较高的热度。

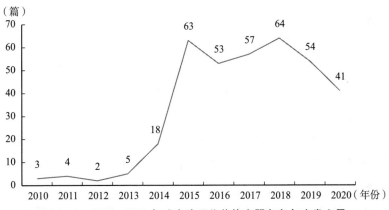

图1-1　2010~2020年政府购买公共体育服务各年度发文量

（一）关于地方政府公共体育服务的研究

1. 关于地方政府公共服务存在问题的研究。学者丁元竹、江汛清（2006）的研究表明，我国政府公共服务主要面临以下问题：一方面是政府公共服务的产品供给量不足；另一方面是公共服务产品在地域与服务对象间的分配不均。此外，李和中和钱道庚（2007）提出，当前我国政府公共服务存在的问题是无法满足公民的基本公共服务需求。学者王占坤（2014）的研究表明，政府购买公共体育服务还存在法律制度不健全、社会融合的价值取向未能达到、政府购买公共体育服务的规模和覆盖面有限、体育社会组织发育不良、缺乏完善的公共体育服务质量评价及监督体系等问题。周建新

（2014）提出，应引入政府购买体育公共服务问责机制；畅通体育诉求表达机制，提高服务购买决策水平；加强内部学习和机制建设，提高体育行政部门的市场化能力；加大公共扶持力度，培育体育服务供给市场等。冯欣欣（2014）以购买程序的竞争性和公共体育服务的类型为分析维度，深入剖析了购买模式中资金预算未公开、购买服务评估缺乏监督等关键问题。张大超（2017）的研究表明，我国政府在购买公共体育服务方面仍存在政策法规不成熟、供需不匹配、承接主体区域发展失衡、购买程序未建立完善的体系、购买类别模糊、监督评估机制缺失以及受益主体公平性有待考量等问题。沈克印（2021）从法律规范、民生理念、社会结构和技术层面对政府购买公共体育服务的范围进行了动态变化的分析，强调需要从公共服务购买的法治化进程与缺陷、公共体育服务的民生逻辑与价值、体育市场与社会组织的发展状况、购买服务的购买成本与考核标准等多方面进行深入探讨。

2. 政府购买公共体育服务的优化对策研究。郭修金（2014）认为政府应不断完善决策评价机制，切实提升承接服务能力。沈克印（2016）认为在体育改革和体育治理过程中，推进政府向体育社会组织购买公共体育服务，构建平等与合作的良性互动关系，建立规范的公共体育服务购买制度，提高体育社会组织承接政府职能的实力，完善政府购买公共体育服务的监管与评价机制。朱毅然（2014）提出应构建科学完善的政府购买公共体育服务的相关法律体系；打造高素质专业化的政府购买公共体育服务人才队伍；制度安排与配套项目同步实施，为制度执行提供着力点；因地施策，建立不同购买资金的财政专项经费转移支付手段；用活购买资金，实现多方共赢以及严格购买效果的绩效评估。谢叶寿（2016）等提出应该完善政府购买公共体育服务的法律与政策，以非营利组织为主要购买对象，加强对非营利体育组织的支持与培育，优化政府购买公共体育服务的运行程序和监督评价机制。冯维胜、曹可强（2017）强调通过加快政府职能转变、加大评估理论研究和实践探索、加速评估体制和机制建设等方式，完善政府购买公共体育服务的评估体系。

（二）关于地方政府公共体育服务绩效评价指标体系的研究

在绩效评价体系构建层面，国内学者王振（2014）总结了政府购买公共文化服务绩效评价的实践经验并发现了存在的问题，运用隶属度分析对指标进行筛选，运用层次分析法设计了指标的权重。学者史小强（2017）运用因子分析法证实地方政府全民健身服务绩效结构要素由服务效率、服务质量、服务民主性和服务回应性四个维度组成，从拓宽民主渠道、实现公平正义、回应公众关切和提高行政效率等角度出发，提出今后地方政府提升全民健身公共服务绩效的措施。学者梁爽（2018）采用德尔菲法和层次分析法构建了地方政府购买基本公共卫生绩效评价指标体系，并从政策规范、评价主体、评价内容、评价方式、评价结果及运用等方面进行归纳总结。学者吴卅（2017）提出应完善政府购买公共体育服务绩效评估制度建设，健全政府购买公共体育服务绩效评估机制，标准化绩效评估流程，建立科学合理的政府购买公共体育服务绩效评估指标体系。

（三）关于地方政府绩效评估方法的研究

学者李荣日等（2014）采用专家访谈法、相关性分析、多元回归分析对全民健身公共服务组织管理体系理论的内容要素进行了探讨。张学研和楚继军（2015）运用文献分析法、德尔菲法、数理统计法、模糊数学法和层次分析法构建出包括4项一级指标、12项二级指标、38项三级指标的政府购买公共体育服务绩效评估指标体系。张凤彪（2017）运用德尔菲法、数据包络分析、平衡计分卡、模糊理论、方程结构模型和公众满意度等方法对公共体育服务绩效评价进行了研究。学者许荟蓉（2017）运用结构方程模型对指标的权重系数进行计算。卢亚（2017）采用成本效益分析法与条件价值评估法对上海、武汉和常州政府购买公共体育服务展开成本与效益分析。何建鹏（2019）以平衡计分卡和公共满意度为理论基础，从财务、服务对象、内部流程、学习与发展四个方面考察了承接主体对公共体育服务的供给效果与运作效率。卢跃东（2019）认为公共体育服务绩效评估是增强政府公共体育服务意识、提高政府公共体育服务能力和质量的重要手段。

综上所述，国内政府购买公共体育服务绩效评价指标体系构建的相关研究侧重于承接主体的绩效评价，指标选取的理论依据较为缺乏，且缺乏将指标体系运用到实践当中的系统研究。

三、国内外研究述评

通过对国内外文献进行梳理发现，现有研究聚焦在发展历程、实践问题、提升路径以及绩效评价的指标选取和模型构建方面。然而，关于绩效评价内容、方法、参与主体及如何评价等方面的研究还比较模糊，对政府购买绩效、如何优化购买成效的研究存在不足，难以推动我国地方政府购买公共体育服务事业的发展。基于此，本书在厘清地方政府购买公共体育服务的相关概念、相关理论以及绩效评价的内容、方法、参与主体和现状的前提下，旨在科学构建地方政府购买公共体育服务绩效评价指标体系，有效评价地方政府购买公共体育服务绩效的水平。

第三节　研究对象与方法

一、研究对象

本书以"地方政府购买公共体育服务绩效评价"为研究对象，聚焦苏州市、常州市和南京市三个国家级体育消费试点城市的公共体育服务绩效评价的实证分析，进一步促进地方政府购买公共体育服务的规范化发展。

二、研究方法

（一）文献研究法

本书主要以"地方政府""公共体育服务绩效评价""政府购买公共服务绩效评价"等为关键词，通过中国知网查询相关文献，参考《政府购买公共服务：理论、实务与评价》《中国财政支出政策绩效评价体系研究》和《我国政府购买公共服务的运行机制及创新路径研究》等著作，为本书研究奠定了资料基础。

（二）案例分析法

本书选取江苏省的苏州、常州、南京三个国家体育消费试点城市作为实践案例，对这三个城市政府购买公共体育服务绩效的评价情况进行了分析。

（三）德尔菲法

本书采用的是改良后的德尔菲法，即先通过文献分析法整理出一个经验性的地方政府购买公共体育服务绩效评价指标范围，再按德尔菲常规方法，进行发放、回收、分析等工作。同时，为了确保数据的可靠性和真实性，进行了三轮调查问卷的发放和回收，第一轮初步确立指标并删减相应指标；第二轮在整理后对各层次及指标进行五等分的重要性判断，即信度检验，并且进行了效度检验；第三轮是结合层次分析法对指标权重进行测度，具体问卷详见附录一和附录二。

（四）数理统计法

本书利用 Excel、SPSS15.0、MATLAB 等软件处理回收数据并对相关指标进行相关度、信度和效度检验。信度检验是指问卷的可靠性检验，信度指标多以相关系数表示，大致可以分为三类：稳定系数（跨时间的一致性）、等值系数（跨形式的一致性）和内在一致性系数（跨项目的一致性）。效度即有效性，是指测量到的结果反映出预期考察内容的程度，测量结果与要考察的内容越吻合，效度越高；反之则效度越低。其中，效度主要分为内容效度、准则效度和结构效度三种类型。

（五）模糊层次分析法

模糊层次分析法是根据多目标评价问题的性质和总目标，把问题按层次进行分解，构成一个由下而上的梯阶层次结构。本书将决策者的比较判断用模糊三角数表示，从一致和不一致的模糊比较矩阵中导出清晰的标准权重和各指标得分，并对不同地方政府实践进行了验证。

第四节 研究思路与主要内容

一、研究思路

首先，本书对政府购买公共服务绩效评价相关的概念进行了界定，梳理了相关理论。其次，明确了绩效评价的主要内容以及指标选取的原则和理论依据。再次，全面地构建了地方政府购买公共体育服务绩效评价指标体系。最后，运用模糊层次分析法对地方政府购买公共体育服务绩效水平进行了实证研究，为促进地方政府购买公共体育服务绩效的科学发展提供参考（研究技术路线如图1-2所示）。

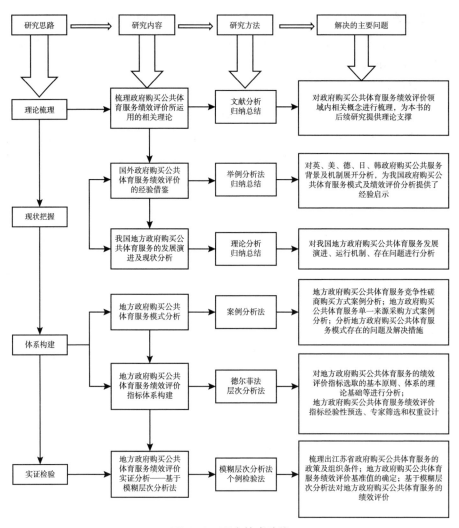

图1-2　研究技术路线

二、研究的主要内容

（一）核心概念界定与理论基础

本书对政府购买公共服务绩效评价的核心概念进行了界定，梳理了政府购买公共体育服务中涉及的相关理论，确定了研究的理论依据。

（二）国外政府购买公共体育服务绩效评价的经验借鉴

本部分归纳分析了英国、美国、德国、日本以及韩国等国家政府购买公共体育服务的政策和机制情况，分析了国外政府购买公共体育服务的模式及绩效评价状况，为我国地方政府购买公共体育服务绩效评价的科学化提供了经验借鉴和参考。

（三）我国地方政府购买公共体育服务的发展演进及现状分析

本部分围绕地方政府购买公共体育服务的发展演进、地方政府购买公共体育服务规范制定与地方政府购买公共体育服务运行机制进行了系统分析。

（四）地方政府购买公共体育服务模式分析

本部分主要对地方政府购买公共体育服务的竞争性磋商模式和单一来源采购模式的适用条件、存在问题以及解决措施进行了分析。

（五）地方政府购买公共体育服务绩效评价指标体系构建

本部分通过评价指标的经验性预选和筛选，并对指标的信度和效度进行了检验，确定了指标权重，构建出地方政府购买公共体育服务的绩效评价指标体系。

（六）地方政府购买公共体育服务绩效评价实证分析

本部分基于构建的地方政府购买公共体育服务绩效评价指标体系，对南京市、常州市、苏州市三个国家体育消费试点城市政府购买公共体育服务绩效情况进行了评价，为进一步规范地方政府购买公共体育服务提供了借鉴和参考。

第二章　核心概念界定与理论基础

第一节　核心概念界定

一、地方政府

长期以来，地方政府依据中央政府的具体要求和授权为人民群众提供公共服务和产品。《中华人民共和国宪法》（以下简称《宪法》）第 95 条规定，省、直辖市、县、市、市辖区、乡、民族乡、镇设立人民代表大会和人民政府，简称"地方"。根据《中华人民共和国地方各级人民代表大会和地方各级人民政府组织法》的规定，我国地方政府除特别行政区外，包含省级（省、自治区）、地区级（地级市、自治州）、县级（县、自治县政府，县级市以及市辖区政府，旗政府）和乡级（乡/民族乡、镇政府）四级。"地方政府"狭义上是指具有执行性职能和领导性职能双重角色，并承担社会公共管理职责的地方行政机关[①]。地方各级人民政府作为地方各级行政机关，管理本行政区域内的行政事务，是整个国家行政组织系统的有机组成部分。县级以上地方各级人民政府可以规定行政措施，发布决定和命令。县级以上地方各级人民政府领导所属各工作部门和下级人民政府的工作。因此，地方政府主要包括各级人民政府、地方各级的人民代表大会及其常委会、地方各级人民法院和地方各级人民检察院。

---

① 沈荣华. 中国地方政府学［M］. 北京：社会科学文献出版社，2006：7 – 8.

二、公共体育服务供给

公共服务最早是法国公法学家莱昂·狄骥（Leon Duguit）在《公法的变迁》（*Les Transformations du Droit Public*）和《法律与国家》（*The Law and the State*）中提出的。公共服务的概念比较广泛，代表着一个国家或不同时期、不同地区的整个社会成员的总体需求，反映了大众的利益。公共服务是指政府部门与社会力量相互合作和协调配合，生产与提供全体公民共同消费并能无差异化享受的社会产品与服务。

关于公共体育服务，学者宇钧（2017）认为公共体育服务是指为实现和维护社会公众或社会组织的公共体育利益，保障其体育权益的目标实现，以不同形态的公共体育物品为载体所实施的公共行为的总称。国内学者肖林鹏（2007）认为公共体育服务是公共组织为满足公众体育需求而提供的公共物品或准公共物品。王才兴（2008）认为体育公共服务的核心任务是向群众提供基本的体育公共服务及体育产品，以保障群众的体育权利得到实现。戴健（2009）认为公共体育服务是指公共体育组织和公共体育服务人员为社会公众的体育活动所提供的体育产品和体育劳务。刘玉（2010）研究提出公共体育服务是指在政府主导下，由政府、社会和个人共同提供的，满足各种公共体育需求的体育产品和服务的总称。樊炳有（2011）认为体育公共服务是提供体育公共产品和服务行为的总称，包括加强体育公共设施建设、发展体育公共事业、发布体育公共信息等，为丰富公众生活提供社会保障。汤际澜（2011）认为基本公共体育服务是指政府为了满足社会及其成员的基本公共体育需要，保障公民的基本体育权利，以公平正义为价值理念，运用所掌握的公共资源，为社会提供的具有一定边界的公共产品和服务的总称。综上所述，本书认为公共体育服务是政府部门和社会力量合作，共同提供或生产体育产品与服务，其中供给对象是社会公民，国家财政投入是公共体育服务经费的主要来源。

关于公共体育服务供给，国内学者们已形成了公共体育服务提供是以政府为主体、社会力量积极参与的多元化供给模式的共识。肖林鹏（2008）研究认为，谁来供给、供给什么、如何供给是我国公共体育服务供给面临的三个基本问题。体育行政部门、准政府组织、非政府组织、企业、个人等都可以作为公共体育服务供给的主体，供给的内容取决于居民对公共体育的需求，供给的方式主要包括政府供给、市场供给和志愿供给三种形式。樊炳有（2009）研究认为，公共体育服务供给不是以"市场主体"取代"政府主体"，而是以"竞争"取代"垄断"，应采用体育公共服务供给主体多元竞争机制。当然，公共体育服务应由政府提供，但并不意味着公共体育服务就应由政府独立提供，调动积极的社会力量也非常重要。陈静霜（2009）等提出政府、企业和非政府组织均可成为供给主体。王会寨（2009）提出由政府供给为主导，其他供给主体共同参与的新型公共体育服务供给模式。学者陈丛刊（2012）提出政府—企业—社会三位一体的合作供给模式。因此，创新多元供给主体协同共治的模式成为必然趋势。

综上所述，国内外研究集中在公共体育服务由谁供给、通过什么方式供给、供给哪些服务与产品、供给群体受益范围等方面，一致认为公共体育服务供给格局是以政府为主导，市场力量和社会力量参与合作竞争，这种格局比较符合当前我国公共体育服务的发展现况。

三、政府购买公共体育服务

学者彭浩（2010）研究认为，购买公共服务是指根据预先订立的合同（协议）或赋予的特许权，由政府财政提供资金并由政府向服务供应者购买其提供（生产）的商品、服务或公共设施，以满足使用者服务需求的一种制度安排和实施机制。国内学者王浦劬（2011）研究认为，购买是指政府将原来直接提供的公共服务事项，通过直接拨款或公开招标的方式，交给有资质的社会服务机构来完成，最后根据择定者或中标者所提供的公共服务的数量和质量来支付费用。学者徐家良、赵挺（2013）研究认为，政府购买公共服务是指政府通过公开招标、定向委托、资助等形式将本来由自身承担的公共服务转交给社会组织或企事业单位生产，政府只肩负管理、组织、监督等职能，改善社会管理结构，通过发挥社会资源的价值和功能，以促进公共服务供给质量和财政资金使用效率的提升，从而满足公众日益增长的多元化、层次化、个性化需求。

关于政府购买公共体育服务，从购买方式视角来看，井志侠（2014）认为，政府购买体育公共服务是指政府为了履行服务社会公众的职责，通过财政向各类社会体育服务机构支付费用，购买其以契约方式提供的、由政府界定种类和品质的体育公共产品与服务，是一种政府出资、定向购买、契约管理、评估兑现的体育公共服务的供给方式。从供给方式视角来看，汪波（2014）认为政府购买公共体育服务是由政府根据公共体育服务的数量和质量，向社会和市场组织支付费用，实现公共体育服务的供给。卢亚（2017）等学者指出，政府购买公共体育服务主要是指政府通过合同方式使用社会福利预算，向各类具有提供公共服务资格的社会机构、团体、组织直接拨款或公开招标，再由政府评价反馈后支付全部费用，从而实现财政效益最大化的行为。综上所述，政府购买公共体育服务是指政府出资寻找优质的社会力量，通过多种合作方式来生产和承担公共体育服务事项，并根据其提供的质量和数量来支付相应费用的运作模式。在供给过程中，政府不是自己生产，而是通过市场机制选择体育类组织、事业单位、企业等作为服务的生产者，并根据质量和效果支付资金，从而完成公共体育服务的供给①。

四、公共体育服务绩效评价

绩效的概念来源于美国，英文用"Performance"表示。关于绩效评价，伯纳丁等（Bernardin et al.，1984）将绩效定义为：在特定的时间内，特定的工作职能、活动或行为产生的产出记录，这种定义将绩效同任务完成情况、产出、结果等同起来。坎贝尔等（Campbell et al.，1990）研究绩效理论认为，绩效不是活动的结果，而是活动本身，是人们实际做的、与组织目标有关的并且可以观察到的行动或行为，而且这些行为完全能由自身控制。波尔曼和莫托维德洛（Borman and Motowidlo，1993）认同这种观点，提出绩效是具有可评价要素的行为，是人们工作时的所作所为，这些行为对个人或组织

---

① 谢叶寿，阿英嘎. 英国政府购买公共体育服务的实践与启示［J］. 体育与科学，2016（2）：66－70.

效率具有积极或消极作用。李宗浩、肖林鹏（2015）等认为绩效含有成绩和效益之意，成绩侧重于从定量的角度进行考评，效益则侧重于从定性的角度进行考评。因此，绩效评价是指运用一定的评价方法、量化指标及评价标准，对中央部门为实现其职能所确定的绩效目标的实现程度，以及为实现这一目标所安排预算的执行结果进行的综合性评价。这更多地体现了一种结果及目标，不同标准下运用不同的评估方法会得到不同的评估结果，这种具体的评估结果会结合标准及目标形成绩效评价。徐家良等（2015）提出，政府购买服务绩效评估应包含需求评估、过程评估与结果评估这一整体评价体系。在绩效评价指标体系构建方面，学者王春婷（2012）基于政府成本、效率、社会公正度和公众满意度，构建了政府购买公共服务绩效概念模型。包国宪（2012）以 SERVQUAL 模型为参考，构建了包含有形性、可靠性、响应性、信任感和人性化五个维度的政府购买居家养老服务质量评价模型。综上所述，我国地方政府绩效评估包括对投入的评估、过程的评估、产出的评估和影响因素的评估等。

从供给能力角度看，公共体育服务绩效评价是指由考核、评价公共体育服务提供能力的相关要素构成的有机整体[1]。从评价机制和目标上，公共体育服务绩效评估应该是一种以服务质量和公共需求满意度为第一评价标准，涵盖公共责任和顾客至上管理理念的综合评估机制，是为了促进体育资源发挥最大效益以及在公共体育服务中的努力不偏离目标[2]。从评价目的角度分析，有研究者认为公共体育服务绩效评价是一种基于公共体育服务绩效评估指标体系下，为了实现资源最优化配置，达到定期对公共体育服务进行考核与评估的方法[3]。从工具属性角度分析，有研究者认为公共体育服务绩效评价是度量公共体育服务机构绩效强弱的测量工具[4]，陈昀（2011）指出，公共体育服务绩效不能简单地体现为对效率的追求，其核心是公共体育服务的实现程度

---

[1] 肖林鹏，李宗浩，杨晓晨. 我国公共体育服务体系概念开发及其结构探讨 [J]. 天津体育学院学报，2007（6）：472 – 475.

[2] 王才兴. 构建完善的体育公共服务体系 [J]. 体育科研，2008（2）：2 – 4.

[3] 王伯超，范冬云，王伟超. 发达国家体育公共服务改革的背景及启示 [J]. 上海体育学院学报，2010（3）：6 – 9，18.

[4] 宋娜梅，罗彦平，郑丽. 体育公共服务绩效评价：指标体系构建与评分计算方法 [J]. 体育与科学，2012（5）：30 – 34.

与效果。范冬云（2011）认为，公共体育服务绩效评价是对公共部门提供公共体育服务的数量、质量以及效率进行评估，包括考察公共部门在提供公共体育服务过程中的政策制定、执行、服务态度、质量、服务效率以及社会满意程度等。综上所述，地方政府公共服务绩效评估是指地方政府为公民和社会群体提供基础的、与民生相关的公共服务的绩效水平进行评估的过程，同时通过制定详细的绩效评价指标，运用系统的研究方法来对其进行评估和计算，促进地方政府公共服务水平的提高。

第二节　相关理论

一、新公共管理理论

新公共管理理论（New Public Management，1991）不仅是一种新的政府管理理论，还是一种新的公共服务模式。新公共管理理论提出把市场竞争机制引入政府公共服务领域，合理借鉴科学的企业管理方式，转变政府职能，强化政府管理职责，提高政府社会服务效率与效益，降低服务成本。在绩效评价领域，新公共管理理论的内容主要包括：倡导公共部门注重效率、提高绩效、强调成本、重视对结果的绩效考核；多元化的主体，发挥企业和非政府组织在公共管理中的作用；强调顾客导向，主张公民参与，坚持"3E"原则。

新公共管理理论对我国公共体育服务体系建设的理论贡献在于为处理政府与市场、政府与企业、政府与社会关系提供了一整套不同于传统行政学的新思路，主张将市场的激励机制、竞争机制和私人部门的管理方法与手段引入公共体育服务体系建设中，但该理论在重视供给效率的同时，存在着对公共体育服务公平的忽视。

二、新公共服务理论

新公共服务理论从公民权利、信任构建和公共对话三个维度树立了检验公共行政发展的标尺，创建了比较完整的理论体系和概念框架①。它强调管理应该在公共服务的质量和效率上有所差异。它侧重于公共服务生产功能和运营问题、"模范雇主"公共服务价值、"正当程序"以及常规公共管理中公共组织内部发生的事情。新公共服务是关于公共行政在以公民为中心的治理体系中所扮演的角色的一套理论②。该理论认为政府的职能在于帮助公民表达和实现他们的共同利益；公共利益是追求的目标；服务于公民，而不是顾客；不只重视生产率，更应重视人，公共管理的规范性基础与价值观是公共利益与为社会公共服务③。同时，政府要明确自己所承担的责任，其中包括专业责任、法律责任、政治责任和民主责任。此外，有责任意识的政府，不是企业家，而是引导者和服务者。政府只有树立服务理念和责任意识，才能避免出现政府不作为的情况，有助于我国服务型政府的构建。

三、多中心治理理论

多中心秩序是奥斯特罗姆（Ostrom）夫妇多中心理论体系的根本理念。奥斯特罗姆的"多中心"理论把政府包含在内，视之为与公民平等的社会治理行为主体，这是对政府作为权力中心，操纵一切边缘行动者的"中心—边缘"模式的解构，是从政府到社会的社会治理理念重心的转移。由于公益物品的性质是相对私益物品而言的，而对于公益物品性质的认识，也是从与私益物品的比较中求得说明。第一，就排他性而言，排他性被认为是市场提供

---

① 杨国良. 新公共管理与新公共服务理论述评与启示 [J]. 福州党校学报，2009（5）：38 -41.

② 卞凌云. 新公共服务视角下县级政府公共服务问题研究 [C]. 中国武汉决策信息研究开发中心，决策与信息杂志社，北京大学经济管理学院."决策论坛——企业精细化管理与决策研究学术研讨会"论文集（上、下）.《科技与企业》编辑部，2015：2.

③ 高芙蓉. 政府购买社会服务研究综述 [J]. 郑州轻工业学院学报（社会科学版），2015，16（3）：41 -47.

物品与消费的必要特征，而排他性不可用时，即一物品的提供，其他人都可从中得益，则被认为是公共物品的特性。第二，就共用性而言，公益物品具有这方面的肯定属性，使用（消费）共用性指某人享用但并不阻止他人享用。第三，公益物品往往难以衡量。公益物品一般都难以量化，其绩效又取决于评估指标。第四，公益物品的可选择度往往有限，人们在使用（消费）上一般没有选择空间，许多情况下被迫消费。此时，制度安排对人们的行为选择会产生明显影响。

四、政府绩效评价理论

政府绩效评价是联结公众与政府的纽带，对于推进政府机构改革有着深远的意义。政府机构的绩效评价是新公共管理的一个关键要素。绩效评价被认为是整体绩效管理系统的一部分，并作为绩效和行动效率的量化过程。这些工具促使政府机构关注结果。作为改善问责制的一种手段，政府绩效评价是对政府的作为进行总结和评价，对政府预设目标的实施结果进行检验和考核，其核心是市场价值的重新发现和利用。政府在购买公共物品之前制定相应的目标和质量标准，为政府购买公共服务提供一个参考标准和范围。我国政府绩效评价的目的是加强对国家行政机关的监督和改善政府行为与业绩，包括四个层面的内容：政府业绩评价、政府行政效率评价、政府效能评价和政府行为成本评价。由于政府绩效评价目标具有多重性的特点，政府绩效评价形成了不同的价值判断形式，政府绩效评价是对政府部门行为的定量与定性研究，必须使用专门的方法进行处理，才能达到评价的目的。

第三章　国外政府购买公共体育服务
绩效评价的经验借鉴

20世纪80年代以来，在政府提供服务低效率和垄断性所产生的巨大压力下，英国、美国等欧美国家逐步将政府购买公共服务作为重要环节纳入政府改革的实践框架之中，并取得了重大成效。国内学术界对部分发达国家或地区公共服务模式进行了研究，将公共服务供给模式划分为三种类型：第一类以美国、英国等国家为代表，倾向于向私人部门购买公共服务，强调私人部门的作用；第二类以德国为代表，非营利组织在公共服务的供给中具有更重要的地位；第三类以日本等亚洲国家为代表，强调政府在公共服务供给中的主导地位。

在美国、英国等国家，大众体育的推广在很大程度上依赖志愿者和志愿组织。公共体育机构负责管理多样化的体育和娱乐服务，体育俱乐部作为民间组织，发挥着积累社会资本的作用，有助于构建坚实的社会团体，塑造社会责任和信任的文化氛围，而设计和实施全民体育政策的公共部门在促进公共卫生和社区成员的社会凝聚力方面发挥着重要作用。国家和地方体育组织之间的治理因国家而异，不同组织间成功合作的程度因国家而异。体育管理机构的职能之一是向地区和地方体育俱乐部分配公共资金，资助具体的体育活动。通常，公共资金的一部分会被保留用于自身管理，这意味着体育管理机构和地方体育俱乐部都要为实施大众体育政策付费。体育供给的实体包括地方和地区体育俱乐部及社区中心，其中地区和地方体育俱乐部被视为"欧洲体育运动的支柱"。本书选取美国、英国、德国、日本、韩国等国家进行分析，为我国地方政府购买公共体育服务绩效评价工作提供经验借鉴。

第一节　国外政府购买公共服务政策及机制分析

一、英国政府购买公共服务政策及机制分析

（一）英国政府购买公共服务的法规政策

16 世纪末至 17 世纪初，政府通过立法明确体育社会组织承担公共体育服务的合法性，对政府购买公共体育服务进行了详细的说明①。1980 年，引入的强制性竞标（Compulsory Competitive Tendering，CCT）明确规定了引进竞争招标的要求；1991 年，《为质量而竞争》（*Competition for Quality*）指出公共服务逐步转化为合同制而非官僚制，只要可能，提供某一服务的政府部门就要与政府外的供应者按照市场规则进行竞争性投标；2000 年，《地方政府法——最佳价值》（*Local Government Law – Best Value*）正式通过立法形式被引入，试图寻求经济成本和服务质量之间的平衡②。

英国的体育政策通过"体育和运动奖励"项目，对初级体育教育进行了大量投资，其结果是体育外包的增长——将服务控制权移交给外部机构，包括来自职业足球俱乐部社区项目的体育教练③。20 世纪 80 年代强制性竞标的引入意味着地方当局必须与其他组织一起竞标，才能获得合同。通过《地方政府规划和土地法》（*Local Governments，Planning and Land Laws*，1980）和《地方政府法》（*Local Government Law*，1988 年和 1992 年）引入了竞争性招标，以避免反竞争行为，要求地方当局将更多服务纳入竞争性招标。20 世纪 90 年代，私人融资倡议的引入进一步推进了公共服务的市场化。这一战略的

---

① 朱毅然. 发达国家政府购买公共体育服务的经验及启示 [J]. 天津体育学院学报，2014（4）：290 – 295.

② 张汝立. 外国政府购买社会公共服务研究 [M]. 北京：社会科学文献出版社，2014：37 – 38.

③ Parnell D，Cope E，Bailey R，et al. Sport policy and English primary physical education：The role of professional football clubs in outsourcing [J]. Sport in society，2017（2）：292 – 302.

核心是发展公私伙伴关系，其目的是向福利基础设施注入新的资本来源。这一外包过程涉及多个机构和利益相关方参与公共服务的采购和交付，而公共服务以前是地方当局的专属领域。通过"最佳价值"和竞争性招标的理念，政策制定者寻求服务合理化，以提高效率，并提供比"官僚"地方当局内部做法更多的面向客户和市场的交付机制①。英国审计署于 2002 年推出了全面绩效管理评价（Comprehensive Performance Assessment，CPA）。2010 年 5 月，英国政府宣布改革公共采购，一个关键的建议是使用精益采购来缩短时间和降低成本。根据沃特曼等（Waterman J et al.，1996）的说法，任何吸收资源而不创造价值的人类活动都被称为浪费。精益思想是消除浪费的有效方法，它包含一些原则，提供了用更少的资源做更多事情的方法，同时在更大程度上满足了客户的确切需求②。

地方当局负责资助和提供体育和娱乐服务，具体负责提供公园、公共游泳池和室内体育设施，为体育和娱乐提供了很大一部分补贴。2007 年，英国地方政府在体育和休闲方面花费了约 10 亿英镑。就大多数社会服务而言，大众体育政策很难显示出社会影响和物有所值。地方当局提供服务的模式各不相同，一些委员会自己提供体育服务（内部提供），其他使用公私伙伴关系，还有一些使用第三方供应商（外包）或将服务转移给休闲信托公司。直到 1988 年，英国地方议会还在内部管理体育设施。1988 年，引入了强制性竞标，委员会转向合同管理，后来转向信托管理。2006 年，信托管理的设施占 21%，通过与私营部门组织签订合同管理的设施占当地所有体育设施的 17%。英国审计委员会（the Audit Commission）分析了公共室内运动中心和游泳池的三种不同服务交付模式，即内部管理、休闲信托和与私营部门提供商签订合同。当然，没有一种方法能够提供最佳的整体资金价值或实现更高水平的参与。

（二）政府购买公共服务参与主体及合作机制

在政府购买公共服务的过程中，政府部门和非营利组织是合作伙伴关系，

---

① Di Domenico M，Tracey P，Haugh H. Social economy involvement in public service delivery：Community engagement and accountability [J]. Regional Studies，2009（7）：981－992.

② Waterman J，McCue C. Lean thinking within public sector purchasing department：The case of the UK public service [J]. Journal of Public Procurement，2012（4）：505.

并逐步转化为合同制而非官僚制。政府采取委托、授权、淡出等方式减少政府提供的项目，并建立一个公开透明的成本资助体制。在购买公共服务实践中，对于服务提供者的遴选采用的是强制性竞标手段，第三部门负责监督和评价工作，并在一定层面帮助社会企业与政府合作。PFI（Private Finance Initiative）项目由公共权力机构、私营部门和第三方组成，分别负责政府采购以及项目的运作和管理。在 PFI 模式下，公私关系模式（Public Private Partner）运行程序主要分为：立项和可行性研究→项目采购→项目的建设和运营→移交（如图 3 – 1 所示）。

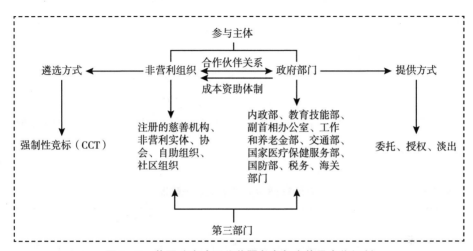

图 3 – 1　英国政府购买公共服务参与主体及合作机制

资料来源：孙欣华. 英国 PPP 模式发展特点、主要监管措施及对我国的启示［J］. 经济研究导刊，2015（20）：244 – 245.

二、美国政府购买公共服务政策及机制分析

（一）政府购买公共服务相关法规政策

美国在公共体育服务购买的承接主体选择上，倾向于选择非营利性体育组织作为主要的合作对象，各级政府会根据当地的实际情况，制定相应的公共体育服务政策①。

---

① 叶松东. 我国体育公共服务供给主体研究［J］. 体育世界（学术版），2016（8）：47 – 48.

　　美国在政策制定过程中，注重关注青少年利益，认为只有在各相关利益方之间培育善意与合作，才能为年轻人带来高效且满意的体育体验。这些利益相关方包括体育组织（国家、州和地方）、学校和学校体育协会、政府（地方、州和联邦）、商业和非营利组织、赞助商等。当学校允许在晚间、周末和节假日开放设施供训练和比赛使用时，俱乐部将受益良多。俱乐部可以通过资源共享来帮助学校，通过合作和咨询提升体育运动的整体发展水平①。明茨伯格（Mintzberg，1996）提出了几种国际政府管理模式，每种模式都以不同的方式构想公共价值。他抨击了主流的政府即机器模式，该模式将政府视为由规则、法规和标准主导的机械体系。然而，明茨伯格主张用体现"隔离、分配和测量"原则的管理主义替代，并将其命名为虚拟政府模式。

　　美国在国家层面对政府购买公共服务的立法相对成熟，具有完善的法律法规制度体系。美国国会及相关部门共制定了约500种政府采购法规，形成了涵盖法律（法案、法令）、规章制度、行政和司法等方面的制度框架（如表3-1所示）。

表3-1　　　　　　　　　　　美国政府购买服务相关法规政策

颁布层面	法规政策名称	要求与规范
政府采购	《联邦财产与行政管理服务法》《合同竞争法》《诚实谈判法》《购买美国产品法》《小企业法》《信息自由法》《及时支付法》《WTO政府采购协议》《联邦采购条例》	《联邦财产与行政管理服务法》统一了采购政策和方法，确立了集中采购的管理体制；《合同竞争法》要求联邦机构公开其招标过程，对所有合格公司公开；《联邦征购条例》强调投标人有权提出投标异议，只能以政府决定存在"欺诈"为由请求司法审查
社会公共服务	《社会保障法》《社会福利法案》	《社会保障法》是解决老年和失业问题的立法；《社会福利法案》将一些社会服务全部纳入地方政府的管辖，联邦政府减少对地方政府的拨款
非营利组织	并没有一项专门规定的法律	注册成立一个非营利组织非常容易，但想获得税收优惠则需要经过一系列申请程序

　　资料来源：周波. 政府购买公共服务的国际经验［J］. 中国财政，2018（11）：57-58.

---

　　① 形成联系-青少年体育政策［DB/OL］. https：//www.dlgsc.wa.gov.au/department/publications/publication/forming-links-junior-sport-policy.

（二）政府购买公共服务参与主体及合作机制

美国政府购买服务的特点包括以竞争的方式促进公共服务的供给、以民营化促进公共服务效率的提高、购买服务重视民众的需求。美国政府和社会组织是典型的合作伙伴关系①，其中，"国家与社区服务公司"是一个由联邦政府机构与私人基金会合作建立的组织，主要职责是代表联邦政府设计和实施各类非营利组织承担的项目，部分州和城市也设立了类似的机构②。服务提供者主要涵盖非营利组织和私营企业，特别是后者在政府无法覆盖的社会公共服务领域和民营企业不愿涉及的领域具备显著优势（如图 3 - 2 所示）。

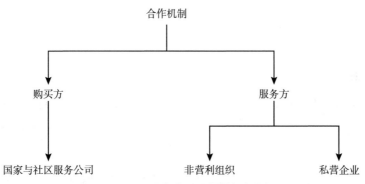

图 3 - 2　美国政府购买公共服务合作机制

资料来源：周波．政府购买公共服务的国际经验［J］．中国财政，2018（11）：57 - 58.

购买方与服务方之间的合作方式主要有合同外包、补助制度、抵用券制度等。其中，合同外包分为两种形式，其一为政府出资购买服务，其二为政府提供资金补贴服务方。为实现平等、公正的公共利益和公共服务价值观，有必要重新评价并倡导独特的公共服务管理精神。选择性外包在确保信息技术掌控、满足公共服务需求和管理外部供应方面已被证实有效，同时亦需强化内部能力重建③（如图 3 - 3 所示）。

---

①　王姝雯．美国政府对非营利组织的管理模式及其启示［J］．辽宁行政学院学报，2012（5）：28 - 30.

②　周波．政府购买公共服务的国际经验［J］．中国财政，2018（11）：57 - 58.

③　Cordella A，Willcocks L. Outsourcing，bureaucracy and public value：Reappraising the notion of the 'contract state'［J］．Government information quarterly，2010（1）：82 - 88.

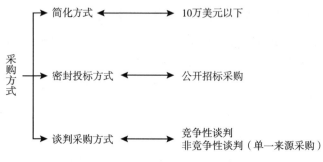

图3-3 美国政府采购公共服务的方式

资料来源：美国政府对非营利组织的管理模式及其启示［J］.辽宁行政学院学报，2012（5）：28-30.

（三）政府购买公共体育服务监督评价机制

在美国，1993年实施的《政府绩效与结果法》（*Government Performance and Results Act*）及1997年颁布的《采购规则》（*Procurement Rule*）提倡由侧重于规范服务行为的"设计型"外包转变为注重成果和满意度的"绩效型"外包。

在联邦政府层面，主要包括三大评价体系：一是跨部门绩效评价，使用三色等级评价工具（绿、黄、红三色等级）对执行现状和本季度推进成效进行评价；二是部门绩效评价；三是项目绩效评价。推出项目等级评价工具（PART），其分为目的和设计（20%）、战略规划（10%）、项目管理（20%）、结果与责任（50%）四个部分，共30个问题，分为四组，每组问题的得分范围为0~100分，最后把四组问题的综合得分转换为有效（85~100分）、基本有效（70~84分）、勉强有效（50~69分）、无效（0~49分）四种评价[1]。

在州一级的层面，拥有监督和管理权的是州的首席检察官。此外，公众也享有监督权。2002年管理和预算办公室发明了项目评价分级，项目效果分为有效、基本有效、一般、不太有效、效果没有显示五个级别，据此对项目

---

① 张强，朱立言.美国联邦政府绩效评价的最新进展及启示［J］.湘潭大学学报（哲学社会科学版），2009（5）：24-30.

经费进行调整①。大多数州都在项目评价层面报告绩效信息，并有半数的州要求在递交预算请求的同时包含绩效信息②。

三、德国政府购买公共服务政策及机制分析

（一）政府购买公共服务的法规政策

德国政府的组织架构呈层级化特征，分为联邦政府、州政府、县级政府（包括镇政府）。德国社会治理的核心准则是自治，这为联邦制的德国实现公共服务均等化提供了良好的基础环境。福利国家的"社团主义"传统在德国发展壮大，即规模庞大的社会组织在社会公共服务的提供中占据重要位置，公共服务供给体系也是建立在公共部门和社会组织、私营部门广泛合作的基础上。当然，供给主体除了政府，还包括具有法人地位的社会保障机构及各种非营利性组织等。

与美国、英国不同，德国并未出现类似的大规模经营化和市场化浪潮。为了提高公共服务质量和效率，德国政府采取了以竞争性招标为主的购买模式，从而使社会服务部门摆脱了国家垄断的状况。2004 年，《社会安全法》（*Social Security Act*）在联邦层面为服务方提供了关于工作方法、形式、内容和价值导向的指导。《反对限制竞争法》（*Act against Restraints on Competition*）明确了以下几点：（1）公共合同是公共订约当局（或部门订约实体）与企业为金钱利益而订立的合同，其服务的主题是交付货物、实施工程或提供服务；（2）供应合同是采购货物的合同，特别涉及购买（或租购，或租赁），此外还可能包括辅助服务；（3）工程合同是执行合同或设计和执行合同。

德国公共采购条例中的社会标准在 20 世纪末才逐渐被纳入德国公共采购法。吕弗特判决（Luth – Urteil）成为德国公共采购条例社会标准发展的分水岭。自吕弗特判决之后，各级法律法规开始逐步拓展社会标准，从遵守集体协议和推动学徒制入手。当前，公共采购领域的社会标准主要依赖于联邦各州，因此存在显著的差异性和多样性：不仅在各地法律中存在诸多不同标准，

---

① 刘建华. 美国对弱势群体的教育援助及其启示 [J]. 领导科学, 2007 (7)：50 – 51.

② 马洪范. 建立全过程预算绩效管理体系 [M]. 北京：经济科学出版社, 2018：57 – 58.

即使在看似"明显相似"的州际标准中也存在差异①。

(二) 政府购买公共服务参与主体及合作机制

德国公共服务提供体系呈现出多元性和分散性的特征，其主要服务提供方包括社会组织和服务型企业，采用直接给付和间接给付两种服务费用支付形式。根据《社会保险法》(*Social Insurance Law*) 的规定，民众可以在法律认可和批准的服务机构中自由选择，服务提供方直接面对消费者展开竞争，无须与政府签订合同。众多机构，包括政府、地方社区、学校、教堂和公司等，通过提供体育设施、动力和其他先决条件，鼓励公民利用空闲时间追求有利于健康的事物。

(三) 政府购买公共体育服务监督评价机制

在德国，州政府、地方政府和行业组织对社会公共服务资金的筹措、分配和保障实施采取分散、自律的管理②。关于服务质量，有必要重新审视将公共服务外包给私营实体的趋势，市政当局不应丧失对公共服务质量标准的影响与控制。长远来看，若未获得额外的中央资金支持，市政当局将难以持续提供更多服务，负债累积可能导致预算失衡。为此，可能需要考虑通过增加税收或改革税收制度来弥补财政缺口，以持续地提供公共服务③。

学者袁新雨（2015）指出，德国政府为加强公共服务质量监管引入"标杆管理"这一绩效评价方式。德国各地方政府成立联合会负责实施"公共交互指标网络"，互相交换绩效数据以交流吸收各地优秀经验。学者纳尔邦 - 佩尔皮纳伊和德维特（Narbón - PerpiñáI and De Witte K，2018）提出有必要考虑替代的投入产出模型，以评价不同的选择是否可以解释地方政府之间的异质性，并确定产出数量如何影响效率得分。

四、日本政府购买公共服务政策及机制分析

(一) 政府购买公共服务法规政策

日本有关政府购买公共服务的政策法规主要有 1947 年的《会计法》及

---

① Sarter E K, Sack D, Fuchs S. Public procurement as social policy? An introduction to social criteria in public procurement in Germany [J]. Working Paper, 2014 (5)：34 – 38.

② 毛明明. 当代中国政府购买教育服务研究 [D]. 昆明：云南大学，2016.

③ Bosch G, Me saros L, Schilling G, et al. The public sector pays system and public procurement in Germany [J]. National Report, 2012 (5)：58 – 62.

《预算决算与账目公开条例》、1963 年的《合同式商业交易法规》《有关政府采购货物或特定服务特别程序的命令》及其实施细则①。1997 年《独立行政法人通则法》通过，"独立行政法人"由政府承担，负责执行改革后既不适合政府提供也不适合企业提供的公共服务。1998 年《特定非营利促进法》规定非营利组织只需要符合法律规定，不需要通过相关政府机构的批准，反映了政府对服务供给方限制的放宽。2006 年，日本制定了政府购买公共服务的专门法律——《关于导入竞争机制改革公共服务的法律》，该法律明确了竞争投标程序、竞标者资格及实施过程中的监督等，并在内阁设置第三方机构，即"官民竞标监理委员会"（由民间企业家和经济学家等组成），负责审查供应商资格、确定参加的竞标者及确定中标的供应商②，其职能覆盖了建立规范、部门甄选、指导监督、评价、公开结果的全过程。

日本政府部门于 20 世纪 90 年代开始导入英国的 PFI 模式。《PFI 推进法》规定了关于 PPP/PFI 项目的实施细则，还规定了公共设施运营权和选定项目的特别政策。PFI 依托契约治理，明确了责任的概念，解决了风险分担模糊的问题。由于私人融资基础设施项目明确的风险分配使得私营部门的创新成为可能，因此许多项目成功实施，实现了社会的高速发展。

（二）政府购买公共服务参与主体及其筛选机制

日本借鉴了英国的私人融资计划，充分利用对社会资本的管理能力和技术优势，力求做到在同等水准服务下价格最便宜，在同等价位下质量优良。日本社会组织与日本政府形成了互补性合作关系。政府出台了一系列的奖励政策，还为社会组织提供资金支持。日本政府考虑到非营利组织的公益性特征，在税收方面采取"原则上非课税"的方法，并在某些项目上实行个人与政府共同承担义务的普惠制服务。公众和社会组织可以在官网或日本贸易振兴会等政府采购网站进行采购信息查询，还可以参加政府购买说明会。此外，政府在采购前 50 天公布招标信息以供外界查询③。日本政府购买公共服务筛选程序如图 3-4 所示。

---

① 裴赓. 公共财政框架下的政府采购问题研究 [D]. 北京：财政部财政科学研究所，2011.
② 财政部综合司. 政府购买服务的国际经验与思考 [J]. 中国财政，2014（13）：17-20.
③ 韩丽荣，盛金，高瑜彬. 日本政府购买公共服务制度评析 [J]. 现代日本经济，2013（2）：25.

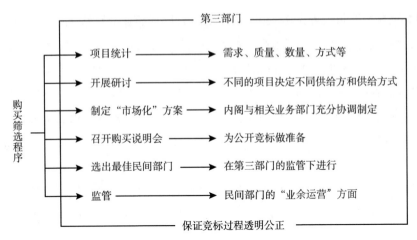

图 3 - 4   日本政府购买公共服务筛选程序

资料来源：韩丽荣，盛金，高瑜彬．日本政府购买公共服务制度评析［J］．现代日本经济，2013
（2）：25.

PFI 推进委员会负责 PPP/PFI 项目推进，财政部、银行和税务机构等负责提供资金支持，行业组织和地方政府负责监督 PPP/PFI 项目，外部顾问和项目协会提供专业咨询，已经形成了一套完整的以项目推进、资金支持、项目监督和专业咨询为主的全方位服务模式[1]。其购买模式分为：公开招标、选择性招标、单独招标及限制性招标（不通过竞争性程序）。

（三）政府购买公共体育服务监督评价机制

日本政府购买服务主要有三种形式，一是民间委托（主要是一些非政府核心职能和技术性要求较低的基本公共服务）；二是政府直接资助；三是指定管理者运营，这与委托合同最大的不同在于可以不采用竞标方式确定运营主体，运营主体的资金来源主要为公共设施的使用费和政府拨款。对一些企业的不正当行为，社会组织可以帮助政府履行对企业的监督。日本政府部门对社会组织的监督主要有两种：一种是社会组织提交年度事业报告书（连续 3 年内不提交将取消其法人资格）；另一种是主管机关进行现场检查（主要包含其如何运营、收支情况、预算与决算的差距等）[2]。1981 年出台的《围

---

①   金荣学，魏晓兰．日本 PPP 模式对我国的经验与启示［J］．当代经济，2017 （16）：10 - 12.
②   徐中伶．日本非营利组织考察报告［J］．社团管理研究，2008 （4）：50 - 52.

绕社会福利机构运营诸问题的意见》中指出服务评价的必要性，1993 年服务评价工作正式启动，1996 年所有城市都开始实施服务评价。《物有所值指南》清楚地界定了 VFM 评价中的关键问题，如 VFM 评价的时间、先决条件、相关成本的确定方法、风险分担和管理以及评价结果的公布等。主要针对公共部门比较值（Public Sector Comparator，PSC）和 LCC（Life Cycle Cost）两个指标进行比较，并选择两者中成本较低者（物有所值分析图如图 3 - 5所示）。

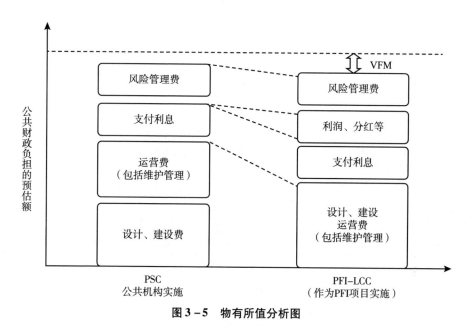

图 3 - 5　物有所值分析图

资料来源：王天义，杨斌. 日本政府和社会资本合作（PPP）研究 ［M］. 北京：清华大学出版社，2018：39.

　　PSC 是指公共设施由公共部门实施的情况下，项目执行期间政府财政应负担预估支出的折现值；LCC 是指在 PPP/PFI 模式实施的情况下，整个项目执行期间政府财政负担预估支出的折现值。如果测算结果显示 LCC 小于PSC，该项目采用 PPP/PFI 模式是具有可行性的，否则该公共设施依然应该由政府直接供给。政府部门在项目流程中需要进行两次 VFM 评价，第一次是前期评价，在项目遴选阶段开展。在项目决定采用 PPP 模式并通过竞争性流程决定项目承接方，且签订开放协议后，将进行第二次 VFM 评价①。

五、韩国政府购买公共服务政策及机制分析

（一）政府购买公共服务的法规政策

韩国政府自 2000 年开始向社会组织购买公共服务，并于同年颁布了《非营利民间组织支持法》，修改了《捐赠法》《公司税收法》《信息公开法》《纳税人诉讼法》，并在《非营利民间团体支援法》中从制度层面给予社会组织以切实的财政救援②（如表 3 -2 所示）。

表 3 - 2　　　　　　　　　　韩国政府购买公共服务法律制度

法律制度	主要内容
《政府合同法》	规定政府采购的基本原则、实施范围和招标程序等
《政府合同法实施细则》	对《政府合同法》的具体化
《关于特定采购的（政府合同法）的特殊实施规则》	对国际招标程序等方面的内容进行了规定
《地方财政法》	对地方政府部门采购的程序和标准进行了规定
《政府投资机关法》	对于政府投资的企业的采购程序和标准进行了规定

资料来源：赵颖．韩国政府购买服务的进展、问题及经验［J］．韩国研究论丛，2017（2）：224 -236.

（二）政府购买公共服务参与主体及其监督评价机制

韩国多数社会组织都是直接或间接地通过政府支持而组建起来的。韩国政府将从事公共服务的社会组织定义为社会福利法人，即"以从事社会福利事业为目的而设立的法人"。社会福利法人运营资金来自个人投入、政府支援、民间捐赠、项目收益等，其中政府资金的投入是其主要来源。如果政府对社会组织的工作不满意，政府就有权取消对该组织的资助。在韩国，市政

---

① 王天义，杨斌．日本政府和社会资本合作（PPP）研究［M］．北京：清华大学出版社，2018：39.

② 赵颖．韩国政府购买服务的进展、问题及经验［J］．韩国研究论丛，2017（2）：224 -236.

府和非营利供应商之间的财务联系相对重要，韩国地方自治机构虽然可以积极参与非营利社会服务外包活动，但不能自己担任承包商。因此，韩国市政府和非营利承包商与当地居民联系松散，作为合作伙伴在承包系统中合作，以提供更加及时的服务①。此外，政府购买公共体育服务也实施阶段性监督评价机制，具体评价内容见表 3-3。

表 3-3　　　　　　　　韩国政府购买公共服务阶段性监督评价内容

监督评价阶段	评估项目	评估方法	资金拨付
评价选择阶段	是否解决社会问题；组织发展能力	公共项目选择委员会进行评估，评价标准和结果透明公开	向相关组织拨付 80% 的资金
中期评估阶段	项目目标的完成情况；项目管理和实施方法的合理性；调查项目实施过程中的困难和问题	先上交相关文件进行评估，再与相关工作人员面谈，最后进行工作现场的检验	根据评估结果决定是否发放 20% 的补助资金
最终评估阶段	项目目标的完成情况；项目带来的公众福利；实施方的合理性等	先通过项目报告进行评估，再进行检验和专题讨论，报告后通过成果展示了解项目的最终效果	项目完成后，应于一个月内提交项目报告

资料来源：赵颖. 韩国政府购买服务的进展、问题及经验 [J]. 韩国研究论丛, 2017 (2)：224-236.

此外，澳大利亚、瑞典等国家分别构建了相应的绩效考核和管理体系以及一系列绩效考核办法，公共体育服务的绩效评价也被涵盖其中。澳大利亚公共服务局自 20 世纪 90 年代开始，一直在根据绩效衡量的要求管理政策建议相关的问题。在澳大利亚，社会采购的方法包括：制定明确的政策框架，说明如何、何时以及为何采用社会采购原则；鼓励包括社会企业在内的不同供应商参与采购；将社区或公共利益条款纳入投标请求；使用牵头机构模式，即委托主要供应商通过分包机构协调服务交付；社会招标，与目的性企业协

---

① Kim J, Kaneko Y. Social service contracting - Out in Korea and Japan：Municipal governments, nonprofit contractors, and local residents [J]. Korean Journal of Policy Studies, 2011 (5)：145-154.

商合同条款；分散采购，资金和采购决策下放给地方机构或治理机构，以实现社会政策目标①。

澳大利亚实行了两代绩效考核和管理体系。第一代体系从 1987 年到 1997 年，主要是确保评价结果能够提供年度预算程序。该系统成功地确保了对评价进行仔细规划，但是该系统存在一些不足，包括对政府项目绩效信息的收集、使用和报告不够重视。第二代体系于 1997 年推出，它采取了一种高度移交的做法，强调原则而不是正式要求，主要强调收集和公布执行情况资料，并向议会提供这些资料。一些部门继续投入大量资源进行严格的评价，以支持其正在进行的管理工作，并向议会和其他部门提出报告。真正的共享服务模式不仅可以实现规模经济和范围经济，还可以维护地方议会的自主权，从而维护市政领域的完整性。它们都涉及地方政府对所涉资源、所提供的职能和服务以及所产生的成本和效益的完全所有权和控制权，这些大大降低了与合作伙伴相关的风险，并保持了地方议会的自主权②。

瑞典的体育政策是政府与自愿、非营利和会员制体育俱乐部之间长达一个世纪关系的结果，这导致了对有组织体育的广泛财政支持。这种关系由一种"隐性合同"定义，其中政府决定资助的范围和目的，而接受方瑞典体育联合会（Swedish Sports Confederation）决定分配和管理的细节。有组织的体育发展和传播的关键是通过国家和地方政策的结合，以及体育俱乐部提供资金和志愿者工作的意愿实现的。

1998 年，《21 世纪体育政策——公共卫生、流行的运动和娱乐》（21st Century Sports Policy – Public Health, Popular Sports and Entertainment）正式出台，呼吁节约政府开支。"瑞典模式"规定了国家和第三部门组织之间的合作，对体育社会组织的发展非常重要。20 世纪末，实行体育设施外包，消减补助，剩余财政支持转为服务报酬，体育俱乐部成为地方当局的分包商，休闲部门管理者则收集公众的休闲习惯和偏好。

公共服务私有化合同通常包括与工作人员政策、财政政策、投资、环

---

① Barraket J, Weissman J. Social procurement and its implications for social enterprise: A literature review [J]. The Australian Centre for Philanthropy and Nonprofit Studies, 2009.

② Dollery B, Grant B, Akimov A. A typology of shared service provision in Australian local government [J]. Australian Geographer, 2010 (2): 217 – 231.

境保护、某些商品和服务的生产销售有关的义务。实践表明，私人参与导致服务的扩大，穷人可以从中受益，效率的提高也会导致价格下降。竞争有助于降低价格和扩大准入，应尽最大可能加以利用，而监管质量至关重要①。

第二节　国外政府购买公共体育服务模式及绩效评价分析

一、国外政府购买公共体育服务的模式及流程

"合同外包"在国外主要翻译成"公共服务民营化""合同出租"等。公私合作是一种特殊形式的合同外包，公私合作的形式多种多样，主要包括BOT（建设—经营—转让）、BTO（建设—转让—经营）、LBO（租赁—建设—经营）、TOT（移交—运营—移交）、BOO（建设—拥有—经营）、BBO（购买—建设—经营）②。七个相关指标分别是产出数量、产出质量（服务的速度和可靠性、工作人员的素质等）、效率（产出与资金投入的比率）、公平（不同群体之间服务成本和收益分配的公平性）、结果（百分比）、物有所值（单位产出成本）和消费者满意度。有学者指出应根据资源使用和服务提供来评价供应商，而不是依赖可观察到的价格或经济动机。学者巴克利（P. J Buckley，1985）提到使用进化算法来计算梯形模糊数的权重，即基于三角模糊数模糊区间算法和区间均值置信指数的模糊层次分析法确定评价要素的权重。服务质量指标包括公民看法，公民满意度是政府绩效的可靠性指标之一，并采用最大百分比（PTM）标度，将调查中的评价问题标准化为 100 分制，PTM 评分为 15 分表示平均满意度非常低。

---

① Clive H. Private participation in infrastructure in developing countries：Trends，impacts，and policy lessons［M］. The World Bank，2003：78 – 79.

② 李军鹏. 政府购买公共服务的学理因由、典型模式与推进策略［J］. 改革，2013（12）：17 – 29.

20世纪90年代初，经合组织将市场型机制定义为"包含至少一个市场显著特征的所有安排"。在服务提供领域，主要手段包括外包、公私伙伴关系和凭证。市场型机制可以通过降低成本或提高服务水平来确保提高效率，而外包则是政府与私营部门供应商签订合同，向政府部委和机构或代表政府直接向公民提供服务的重要做法。公私伙伴关系是指私营部门资助、设计、建造、维护和运营传统上由公共部门提供的基础设施资产的安排。竞争性的供应商市场是成功外包的先决条件。事实上，政府可能不得不通过大量购买来创造这样的市场，因此，外包带来的全部收益可能会随着时间的推移而实现。政府还需要确保其外包政策通过避免过度依赖单一供应商来促进可持续的竞争市场。最低成本一般是决定中标的主要标准，然而，有供应商提交不切实际的低价竞标，然后在合同有效期内参与谈判以提高价格。这种做法损害了个别外包项目，并可能导致可靠的供应商退出政府市场①（国外政府购买公共体育服务模式及流程如表3-4所示）。

表3-4　　　　　　　　国外政府购买公共体育服务模式及流程

国家	购买模式	购买流程	政策保障
美国	合同外包 公私合作 个人账户直接付款 消费券制度 补贴与付费相结合	州政府首先根据社会公众需求制定购买服务合同，并将合同外包给非政府组织，州政府服务总署负责统一签订，再分配到政府各部门，分别进行执行和管理	美国政府采购制度主要由行政法规、规章制度、法律三部分组成，约有500种政府采购法规，其中《联邦政府采办法案》和《联邦政府采购条例》是政府采购法规体系的核心
英国	合同外包 公私合作 特许经营 凭单制度	政府根据公共体育服务的需求确定采购目标，向社会公众公布信息，公开招标，公共部门接受社会咨询，按特定的标准和要求确定合格的供应商名单，向供应商直接采购。近年来，英国政府精简了招标程序	20世纪30年代开始，英国政府实行大规模的国有化运动和福利国家政策。20世纪末以来，实行中央与地方分治。把更多的公共服务决策权下放给地方政府

---

① Blöndal J R. Market-type mechanisms and the provision of public services [J]. OECD Journal on Budgeting, 2005（1）：79-106.

续表

国家	购买模式	购买流程	政策保障
德国	合同外包 公私合作 政府转移支付 政府补助制度	强调创建契约式服务提供形式，而不是雇佣关系。流程首先对购买的服务进行可行性和必要性探讨并确定相应服务的预算，向社会群体宣布购买领域、价格等信息，然后对投标进行资质认定，签订合同并实施过程管理和监督，最后对购买服务的相关组织进行绩效考核，并按照绩效进行核算	德国经济和社会治理强调一个核心准则是自治，在各州和地方经济发展水平有较大差异的情况下，政府采取优惠政策，同时实行政府辅助制度
日本	公共与私营部门竞争性招投标模式	在一个透明、公开的环境下召开说明会，让民间机构事业者和政府机关进行公开竞标并进行综合对比，相关省厅对运营进行监督反馈并评价	1997 年出台《利用民间资金促进公共设施等整备相关法》，2001～2003 年先后出台《PFI 项目实施过程相关指南》《合同指南》《实施效果监测指南》，2006 年出台《关于通过竞争改革公共服务的法律》
韩国	建造—运营—移交（BOT）	按项目提案的主体可分为政府公告项目和民间提议项目。政府公告项目是政府挖掘到项目需求后，制订项目计划，并审查民间投资与政府投资相比是否更有效，再考虑项目的性质和项目收益性等，选择合适的方式；对于民间提案内容，政府主管部门会先评审其合理性，然后再立项和招标或议标	1994 年出台《促进民间资本参与社会间接资本设施投资法》，由此引进 PPP 模式，2000 年出台《非营利性私人组织支持法》，2005 年修订《社会基础设施民间投资法》

资料来源：根据知网相关文献资料整理。

二、国外政府购买公共体育服务绩效评价分析

学者瑞维利（Revelli F）自 2002 年以来为英国当局提供了一种独特的地方政府绩效衡量标准，并提供了一个简单的理论框架，完全涵盖了英国的制度特征。资源使用情况评价是是否拥有健全的战略性财务管理的重要指标。服务评价通过国家绩效指标（Performance Index System，PIS）和相关服务检查汇总现有服务绩效信息[①]。2013 年英国内阁办公室将委托定义为"评估一个地

---

① Revelli F. Spend more, get more? An inquiry into English local government performance [J]. Oxford Economic Papers，2010（1）：185－207.

区人民的需求，然后获得适当服务的周期"，但后来用"结果"一词代替了"服务"。此后，委托周期的模式激增，其中大多数声称注重结果，并把公民的需求放在委托周期的中心。大多数试运行实践并没有重视服务用户和当地社区在试运行周期中的参与。从评价的对象看，英国绩效评价包括对各级政府各部门的评价以及对具体项目的评价；从评价的内容上看，主要包括对支出项目立项决策的评价、对支出项目技术方案的效果评价、对支出项目的经济性和有效性的评价以及对支出项目的社会影响效果的评价①。英国 CAP 主要包括三个部分：一是资源利用评价；二是服务评价；三是市政当局评价。其中，前两部分进行年度考核，后一部分每三年考核一次。根据考核结果，地方政府被评为四个星级②（英国政府购买公共体育服务绩效评价模式如表 3 – 5 所示）。

表 3 – 5　　　　　　英国政府购买公共体育服务绩效评价模式

评价模式	执政党	评价维度
"绩效回顾"评价模式	撒切尔政府	效果、效率、影响
"最佳价值"评价模式	布莱尔政府	效果、效率、影响、均等化、公民满意度
"全面绩效评价（CPA）"和"全面地区评价（CAA）"模式	戈登政府	效果、效率、影响、均等化、公民满意度、地方政府公共服务水平

资料来源：根据中国知网相关文献资料整理。

美国绩效评价的内容非常广泛，主要包括：（1）过程评价（或称为立项决策评价，主要是评价项目立项的合理性）；（2）经济效益评价（主要是评价项目的获利能力、成本效益情况等）；（3）综合影响评价（主要是评价项目运营对地区、行业的经济发展和对周边自然环境及相关社会环境的影响）；（4）持续性和长期评价（即评价项目完成后，是否对经济和社会产生持续或长期的影响）。在政府采购绩效评估中，美国联邦采购执行委员会组建了一支绩效管理行动团队，通过平衡计分法来评判联邦采购系统，实施战略引导、

① 漆焕. 国外政府采购绩效评价经验一览［N］. 政府采购信息报，2009. 02. 13.
② 刘笑霞. 政府绩效评价理论框架之构建［D］. 厦门：厦门大学，2008.

沟通目标绩效以及衡量目标值的完成情况①。

1993 年，美国联邦政府成立了国家绩效评估委员会，以"提升效能、降低成本"为目标，建立了包括投入、能量、产出、结果、效率成本和生产力等指标的绩效评估指标体系，且美国州政府把标杆管理法运用到政府绩效评估中。

学者王天义（2018）指出《物有所值 VFM 指南》是日本 PPP 事业的重要指导方针，该指南规定政府需要在外包流程中进行两次评价。第一次评价在项目遴选期，政府委托第三方专业评价机构评价项目是否可以采用 PPP 模式；第二次评价由政府组建的包括学者、专家、企业家和政府人员在内的特别评价委员会，在签订协议之后对投资规模、风险分担、特许经营期限等进行评价。VFM 评价模式可以有效减少外包风险，充分展现日本"政府协同路径"的优势。

此外，在其他国家有关公共体育服务绩效评价中，澳大利亚实施绩效评价制度的四道程序如下。第一是评估的准备阶段。在这一阶段，首先进行项目的逻辑性分析，继而加强评估工作的管理和控制。第二是起草评估报告，具体又分成四个步骤。第三是对绩效评价的回顾。第四是对"评估发现"的使用，其目的是为决策服务，改进现有项目的管理，增强项目管理者的责任感。对采购项目实施绩效评估时，一般会跟踪采购过程，逐步展开评估工作：（1）是否有具体的采购需求计划并经过批准；（2）采购方式是否合法并遵循公开、公正原则；（3）对采购物品有无详细描述；（4）招标机构、投标时间和地点是否明确；（5）保密制度是否健全，标底制定者是否与投标人无关；（6）是否在两人以上的情况下打开投标文件；（7）对投标人和投标日期是否做了记录；（8）评标标准是否先进合理、是否与招标标准一致、评标标准是否在投标箱关闭前已经确定；（9）评标委员会成员是否已经确定、评标委员会的评估结果是否独立决定；（10）是否已经确定了争议的方法；（11）整个采购过程是否超过规定时间；（12）整个采购过程的文件是否完整、清楚。

---

① 徐军田. 地方服务型政府绩效评估指标体系研究 [D]. 大连：大连理工大学，2007.

第三节　国外政府购买公共体育服务的经验借鉴

西方发达国家的经验表明，政府购买公共服务是提高政府效率的一种有效的制度选择。近些年来，虽然我国不少地方进行了购买公共体育服务实践的积极探索，但政府购买公共体育服务仍处于"初级阶段"，迫切需要在借鉴国外先进经验的基础上，形成一套科学的政府购买公共体育服务运行机制，以实现公共体育服务资源的有效配置。

一、社会发展环境日趋成熟

英国、美国、德国、日本、韩国在政府模式和政策的制定上比我国早，英国甚至在 16 世纪就有相关立法出台。20 世纪中期，日本就有很多关于政府购买公共服务的法规政策。20 世纪末，美国确定了以绩效控制和"掏空"政府模式的国家框架。2000 年之后，韩国开始向社会组织购买公共服务。各国都非常重视对政府购买公共服务进行规范，政府购买公共服务的社会环境逐渐成熟。我国要借鉴国外政府的成功经验，并结合自身发展实践，科学推进政府购买公共体育服务事业的发展。

二、良好的合作伙伴关系及竞争供给

国外地方政府和社会组织日益形成合作伙伴关系。在英国，更多采取的是强制性竞标的方式；德国服务提供方直接面对消费者展开竞争；日本则采用私人融资计划。公共体育服务供给模式的选择以及在政府购买公共体育服务的社会环境中要积极促成竞争意识的形成。当然，针对不同的购买内容，也可以确定一些多元化的购买模式，运作实践中运用最多的就是合同外包和公私合作两种方式。

三、实施购买全过程的监督

国外政府有明确的监督主体，并且采用前期、中期、后期分段监督的方式。英国在招投标阶段和运营阶段都有详细的政策法规，规定了对谁监督、何时监督等内容；美国政府对非营利组织的监督方式主要有年度报告、税务局和评价违规三种；德国分为上级主管监督和社会保障部门监督两种；日本政府对社会组织的监督分为社会组织提交报告和主管部门现场检查两种。我国对社会组织的监管缺乏强有力的规定，这直接影响到服务质量和效率。因此，应出台相关细则，规定谁来监督、监督什么、何时监督、对谁监督、监督评判等。

四、公开透明的购买流程

一套完整的、公开透明的公共采购流程是政府购买公共服务的必然要求。西方大多数发达国家已建立规范的专项预算机制，通过既定的政府采购程序对私有和非政府组织提供的社会服务进行购买，以提高政府工作效率。西方国家政府购买公共服务的流程如下：首先，政府对服务采购进行可行性和必要性研究，按照一定程序选定购买的公共服务范围、项目，并确定相应的预算；其次，向社会公布政府购买的项目、价格、预算安排以及质量要求和各项服务指标等；再次，对投标进行资质认定，通过公开招标和委托等方式选定供应商，签订合同并实施相应的过程管理和监督；最后，对这些组织进行绩效考核，依照绩效结果进行结算。

当然，具体到每个国家而言，其流程可能也会有所不同。比如在美国，政府购买公共服务至少由以下环节构成：设计统一的单据格式、招标公告以及表述格式，对招标工作人员统一定位，详细制订招标采购操作规程，确定合格供应商名单，招投标、交货追查，进行采购审计和管理审计。英国的政府采购程序则包括以下阶段：制订采购计划，确定采购总负责人和配备律师、会计师或审计师，律师起草和在指定刊物上公布信息，接受咨询，按标准确定合格供应商名单，招标或直接采购，按照合同监督供应商完成服务，独立审计。总体而言实现政府对非营利组织公共服务的购买，"选定服务项目——社会公布——资质认定、招标管理——过程管理、监督——绩效考核——结算"都是最基本的流程。

五、非垄断的购买方式

在西方发达国家，公开竞标是最典型的政府购买公共服务的方式。例如，英国政府早在1990年公布的公共医疗和社区关怀法中就明确规定，中央政府拨付的特殊款项的85%必须以竞争招标的方式向私营或非政府组织购买。不过在加拿大，正式招投标并非最主要的方式，政府也经常采用直接向社会组织提供项目的方法。竞标可以帮助政府降低购买公共服务的成本，提高资金使用效率，但不足之处是有可能引起政府雇员的反对，需要建立起过渡性的政府雇员机制。除公开竞标外，在涉及专业性较强的公共服务时，西方发达国家还会采用协议定标的方法。

在美国，合同外包是政府购买社会组织服务采取的主要形式，被广泛应用于社会服务领域，并经历了由设计型合同向绩效型合同的转变。设计型合同的特点是政府为投入和过程付费，政府部门制定的规章制度严格约束社会组织的行为；绩效型合同则是通过社会组织提供服务的质量、效果等的评估付给费用。20世纪90年代新公共管理理念取得主导地位后，绩效型合同出现并被普遍使用，将为公民提供的服务和项目质量最大化，便于有效测算项目和服务的最终产出。另外，不管采取哪种购买方式，政府都应逐渐从公共服务直接生产者的角色中淡出，更多地承担起公共服务规范和制度制定者的责任。

六、以结果和满意度为导向的绩效评价机制

英国于19世纪中期就成立了非营利组织绩效评价委员会，且英国的评价体系十分具体，建立了三大评价体系和五级项目评价分级。日本于20世纪末开始实施服务评价并遵循《物有所值VFM指南》。我国应建立完善的绩效评

价机制，建立相关管理机构，制定相关规则，让绩效评价有据有依。以绩效为导向，对公共体育服务供给的成本效益进行核算，使公共体育服务供给的权力赋予、激励等与服务绩效挂钩，完善公共体育服务购买的绩效评价体系①。

---

① 朱国胜. 常州市政府购买公共体育服务的完善路径研究［D］. 苏州：苏州大学，2017.

第四章　地方政府购买公共体育服务
发展演进及现状分析

政府购买公共服务是一种以"政府承担、定向委托、合同管理、评估兑现"的方式提供公共服务的新模式，也是政府公共职能实现的一种创新机制。中国政府积极探索政府购买公共服务制度的方法和路径，许多地方政府进行了改革尝试。近年来，政府向社会组织购买公共服务涉及多个领域，呈现出规模化、地域化、多样化的趋势，逐渐成为政府提高公共服务水平的路径。但是，政府在购买公共服务的绩效评估方面，缺乏完善的评估体系。因此，本书在分析政府购买公共服务绩效评价特点的基础上提出了评价体系的构成要素，主要包括评价制度、评价主体、评价标准和评价指标等内容。政府通过购买服务的方式向社会提供公共服务，其绩效的科学评价问题仍然是学术界关注的重点问题。

第一节　地方政府购买公共体育服务的发展演进

从20世纪80年代开始，政府购买公共服务在我国政府职能转变与社会组织的发展过程中不断呈现出活力，并呈现出阶段性特征。有学者基于政府购买公共服务的典型特征将我国政府购买公共服务方式的发展历程分成如下三个阶段：标准购买阶段（20世纪90年代）、非竞争购买阶段（1991～2005年）和竞争性购买阶段（2005年至2015年）。① 其中，社会组织作为承接主

---

① 王东伟. 我国政府购买公共服务问题研究 [M]. 北京：经济科学出版社，2015：21.

体，在现实中尝试承接部分政府职能。当然，竞争性购买的前提是承接主体有足够的能力，否则，在公共服务购买过程中难以形成有效竞争，或购买结果无法满足社会公众的需求标准。竞争性购买方式中政府与社会组织之间以契约为媒介构建平等的委托代理关系，同时意味着政府在执政理念和社会治理手段上应当有较大的转变，间接推动了服务型政府的建设。政府购买公共体育服务是公共服务购买的外延拓展，近年来，学者们基于各自的研究视角对政府购买公共体育服务的发展历程进行了梳理（如表 4-1 所示）。

表 4-1　　　　　　　政府购买公共体育服务发展历程

学者	发展历程	阶段划分依据	来源（年份）
张纳新	1. 政府单一购买模式阶段（1949~1983 年） 2. 政府购买与社会供给结合模式阶段（1984~1991 年） 3. 政府购买与社会、市场三元供给模式阶段（1992~2001 年） 4. 服务型政府多元主体协同供给模式阶段（2002 年至 2017 年）	政府购买方式、供给方式的不断完善	《我国政府购买公共体育服务的嬗变历程和现实问题研究》（2017）
付诗文	1. 起步探索阶段（1994~2013 年） 2. 蓬勃发展阶段（2013 年至 2018 年）	从地方尝试到政策大力支持的转变	《我国政府购买服务的发展历程与展望》（2018）
江涛	1. 政府购买公共体育服务必要性和可行性的初步探讨（2003~2009 年） 2. 政府购买公共体育服务的体系与模式构建研究（2010~2014 年） 3. 政府购买公共体育服务实践过程中问题、策略以及监督评价机制的研究（2015 年至 2019 年）	学者研究内容的层次递进	《政府购买公共体育服务研究回顾与效益分析》（2019）
何建鹏	1. 初步尝试阶段（1995~2002 年） 2. 试点推广阶段（2003~2011 年） 3. 全国推广阶段（2012 年至 2019 年）	推广范围的不断扩大	《武汉市政府购买公共体育服务承接主体绩效评价的实证研究——以中小学生暑期游泳服务为例》（2019）

资料来源：根据中国知网相关文献资料整理。

在购买模式与方式方面，国内学者张大超（2017）增加了询价的购买方式，并指出政府购买服务的支付方式有一次性支付、先付 + 后付以及承接主体垫付三种。王丽君（2015）认为购买方式主要分为非竞争性和合同外包两种。学者应建华（2016）认为政府向社会组织的购买方式主要有以奖代补、活动凭据资助、项目申报制和竞赛活动补助制四种。在购买模式层面，学者徐燕燕（2015）认为购买模式主要分为竞争性硬服务、竞争性软服务、依赖性软服务和混合服务四种，四种模式对应的主要购买方式有公开招标、健身券、委托合同和公开招标。学者丛湖平（2016）将政府购买公共体育服务概括为三种模式，即独立关系竞争性购买模式、独立关系非竞争性购买模式和依赖关系非竞争性购买模式，并指出依赖关系非竞争性购买模式是较为常见的一种形式。学者江涛（2019）认为购买模式主要分为独立性竞争、独立性非竞争、依赖性竞争和依赖性非竞争四种，四种模式分别对应的购买方式是公开招标、委托合同、邀请招标和委托合同。政府购买的方式是把公共体育服务经费直接向需方投入，让同等数量的公共体育经费转化为更高的效益①。本书在学者们对发展历程和模式分类的研究基础上，认为地方政府购买公共体育服务的发展历程可以按照购买的形式划分，主要分为两个阶段：一是资助指定式购买（1988～2002 年），政府承认私营经济的存在，但在方式上选择资助或指定，不存在竞争行为；二是契约招标化购买（2003～2024 年），在这一时期，开始开展政府采购试点，也开始向契约化购买模式的方向发展，各地开始购买实践，这一工作在国家层面得到了认可和支持，政府出台了一些政策来规范政府购买公共体育服务行为，并对实践经验进行总结反思。

第二节　地方政府购买公共体育服务规范制定分析

地方政府购买公共体育服务是地方政府购买服务的主要组成部分和重

---

① 赖其军，郇昌店，肖林鹏，等. 从政府投入到政府购买——公共体育服务供给创新研究［J］. 体育文化导刊，2010（10）：7－9.

要领域，无论是国家层面还是地方政府层面，均出台了一系列相关政策。购买主体和承接主体逐渐明确，监督评价机制程序日益规范。近几年，文件中对各部门的职责分工规定更加细致，监管部门对评价机制、评价指标体系和第三方机构的职责规定更为明确。2014 年，财政部、民政部、工商总局在《政府购买服务管理办法（暂行）》的通知中全面规定了政府购买服务的基本原则、购买主体及内容①。但对政府购买公共体育服务的细则性规定描述较少，在主体选择、合同管理、绩效评价等实施标准上存在较大差异。

在采购方式与招标政策中，对服务的招标、投标、开标、评标、中标和签署合同的相关流程和双方职责等都有着详细的规定，其中服务招标主要指公开招标和邀请招标，评标方式为最低评标价法和综合评分法。此外，代理机构可以直接进行网上注册，遵循"自愿、免费、异地登记，全国通用"的原则；各级财政部门应将工作重心由事前审批转为事中和事后监管。在采购项目方式中，特意对竞争性磋商进行了单独规定和解释。规定磋商文件不得含有指向特定供应商的技术、服务等条件；在采购过程中符合要求的承接机构只有 2 家时可以继续进行，当只有 1 家承接机构时，应终止采购活动，发布原因并重新开展。对未达到公开招标数额标准，只能从唯一供应商处采购的政府采购项目，可以依法采用单一来源采购，不需要获得相关部门批准，应严格按照《政府采购非招标采购方式管理办法》中的有关规定执行②。

中央政府在招投标管理和采购代理机构、采购项目方式、采购协同监管机制、监督考核和投诉审查等方面均有明确的文件指导，但只有部分地区发布了关于政府购买服务项目绩效评价办法的相关文件。部分地区出台了一系列政府购头公共体育服务的实施办法和规范性文件，但其并不属于法的范畴，且在公共体育服务购买目录、内容、资金标准和评价考核等方面缺乏统一的标准和具体的实施细则。在省级政府层面，政府在购买服务目录、采购代理

---

① 钟大能. 政府购买服务实践中的多重关系问题研究 [J]. 西南民族大学学报（人文社科版），2015（12）：136 – 141.

② 财政部. 发布政府采购竞争性磋商采购方式管理暂行办法有关问题的补充通知 [J]. 招标采购管理，2015（10）：6.

机构管理、采购方式、服务操作流程、投诉处理办法、信息公开和第三方绩效评价等方面都有着相关规定，与中央政府对比，省级政府的政策性文件更细致具体，对采购的具体方式和流程、投诉管理流程等方面较为重视。贵州省财政厅出台了《关于推进政府购买服务第三方绩效评价工作的实施办法（试行）》，其中建立了一套包含 5 个一级指标、14 个二级指标的评价体系，给每个层次的指标赋值，且编制了详细的评分标准，但只有需要绩效评价的项目才会使用。市级政府政策主要是关于体育组织监督工作、群众体育工作要点、服务试点工作以及采购目录档案管理、采购网上交易系统等方面。从总体上来看，政策主要集中在社会组织培育、政府采购流程和管理投诉等方面，对购买方式、购买过程执行、购买绩效评价等缺少统一的规定。目前，政府购买公共体育服务依然缺乏明确且效力强的政策性文件。相较于地方政策，中央政策以引导为主，且政策内容是循序渐进、不断丰富完善的。但政府购买公共体育服务还处于探索阶段，社会发展和购买服务进程不一，在全国层面也只是出台了相关的指导性意见，地方政府在对政府购买行为的要求和规范上有着更加明确的规定。

2013～2024 年，中央和地方主要围绕政府购买公共服务绩效评价办法和第三方评价机制做出具体的制度安排，制度的约束与指导作用逐渐发力，但在执行层面还有待进一步加强。2015 年开始，不少地方政府以工作文件和通知公告的形式对政府购买服务绩效评价工作做出了相应规定与指导。由此可知，从中央到地方，各级政府均非常重视政府购买公共服务的绩效评价工作，中央层面的文件主要是有关第三方评价的规定，但第三方评价机制缺乏配套的管理办法或实施条例，多地未从政策规章层面强调政府购买公共体育服务的绩效评价工作，政策也存在不全面、不细致的问题。

第三节　地方政府购买公共体育服务的运行机制

关于地方政府购买公共体育服务运行机制，学者秦小平（2016）提出政府购买体育公共服务包含规范与预算、公布信息、公开招标、签订合同、项目实施、监督管理和绩效评价等流程；学者郑旗（2017）认为地方政府购买公共体育服务政策执行机制包含动力机制、承接机制（主要解决向谁购买和如何购买的问题）、激励机制、评价机制（主要解决做了什么，获得什么效果及可能风险等问题）、监督机制、合作机制；学者沈克印（2017）研究指出政府购买体育公共服务的程序机制包括政府出资—定向购买—契约管理—评价兑现等环节，并指出政府购买公共体育服务的运行机制有需求管理机制（保证购买内容是群众所需）、供方确定机制（根据项目特点等选择其购买方式）、预算管理机制（健全服务资金的绩效评价体系）、绩效评价机制（出台相应的绩效评价制度及引入第三方评价机构制度）、监督管理机制（构建事前、事中、事后的政府购买过程监督机制）。按照政府购买公共体育服务流程进行划分，其运行机制可分为四个阶段，分别是主体确定阶段、模式选择阶段、实施执行阶段和监督评价阶段（如图4-1所示）。

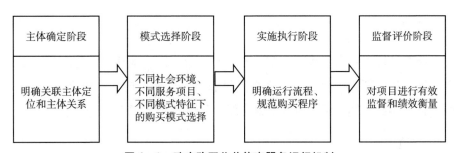

图4-1　政府购买公共体育服务运行机制

资料来源：根据政府购买公共服务采购方式相关政策性文件整理。

一、政府购买公共体育服务的关联主体

在地方政府购买公共体育服务的基本流程中，购买主体、承接主体和使用主体之间相互关联（如图4-2所示）。

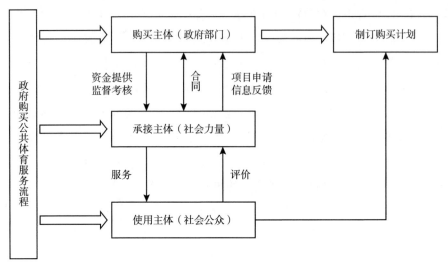

图 4 - 2　政府购买公共体育服务关联主体关系

资料来源：根据政府购买公共服务采购方式相关政策性文件整理。

（一）购买主体

购买主体主要指以政府为主导的公共权力部门，既有中央政府，又包含各级地方政府部门。政府并不直接提供服务，只是委托主体和资金提供者。政府作为购买主体，可分为政策制定部门和政策执行部门两部分。

（二）承接主体

社会组织是购买工作中的重要承接主体，通过竞争的方式参与，竞标成功的组织将成为公共体育服务的提供者，获得政府的资金支持，为服务对象提供服务。

（三）使用主体

服务使用主体主要是指社会公众，根据不同的公共体育服务领域，确定不同范围的社会公众人群。公众作为地方政府购买公共服务的使用方，并不意味着其只能被动地接受服务，作为委托者的公众也有权利合理有效地表达公共体育服务诉求。

（四）评价主体

评价主体是评价工作的组织者和实施者，可分为内部主体和外部主体，内部主体主要是各级政府，外部主体主要包括营利性及非营利性社会组织、第三方机构以及媒体和公民。

二、购买模式分类与甄别

关于政府购买公共服务的模式，萨瓦斯以民营化作为改善公共服务的选择，提出了政府购买等多种公私合作的制度安排。王浦劬（2010）从国外实践中归纳出政府向社会组织购买公共服务的四种模式：独立关系竞争性购买模式、独立关系非竞争性购买模式、依赖关系非竞争性购买模式、依赖关系竞争性购买模式。其中前面的三种模式较为常见，在实践中较少见到依赖关系竞争性购买模式。王名、乐园（2008）提出公共服务购买的三种模式：依赖关系非竞争性购买、独立关系非竞争性购买和独立关系竞争性购买。韩俊魁（2009）提出政府购买公共服务的竞争性购买和非竞争性购买两种模式。根据公共服务供给中政府作为安排者以及生产者所发挥作用的区别，公共服务供给可以划分成五种模式：政府直接提供的公办公营模式、政府间接提供的公办民营模式、政府间接提供的合同购买模式、政府间接提供的民办公助模式、社会自发提供的民办民营模式。刘晓苏（2010）提出地方政府购买公共服务的模式大致可分为四种类型：一是以英美为代表的盎格鲁—撒克逊模式，这一模式的主要特征在于倡导市场竞争和坚持公共服务的市场化导向，鼓励社会参与公共服务的提供，使公共服务供给更高效灵活；二是以法国和德国等欧洲大陆国家为代表的大陆欧洲模式，其特点在于有限市场化导向，只是在部分公共服务领域引入市场竞争，采取购买的方式提供；三是以北欧国家为代表的北欧福利国家模式，其特色在于公共服务供给尤其是社会保障和社会福利方面完全由政府通过高税收和高福利的形式予以承担，政府是公共服务提供的决定因素；四是以东亚国家为主的东亚模式，其重要特征在于政府对公共服务领域的直接干预。萨瓦斯（1999）提出民营化可以通过合同承包、特许经营、补助、凭单、法令委托等方式实现公共服务的供给。公共体育服务不同的购买模式造就了不同的购买流程，即购买执行过程；从政策到模式再到执行是政府购买公共体育服务实施中层层递进的环节。借鉴参考上述学者的研究观点，本书将购买方式分为竞争性购买和非竞争性购买两种类型（如图4-3所示）。

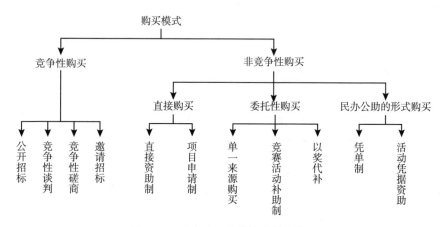

图4-3 政府购买公共体育服务模式

  竞争性购买与非竞争性购买的区别在于竞争性购买主要是通过竞争性方式采购并签署购买合同；而非竞争性购买是指地方政府采用非竞争性的政府委托方式对市场上社会组织发展不充分的公共服务进行转移支付，或提供经费保障、补贴。在竞争性购买中，公开招标和邀请招标也存在很大的区别，主要体现在发布消息的方式、投标人选择范围、竞争范围和透明程度三个方面（如表4-2所示），由此可见，公开招标具有竞争性强和透明度高等优势。

表4-2 公开招标与邀请招标的区别①

区别	公开招标	邀请招标
发布消息方式	公告	投标邀请书
投标人选择范围	市场上所有对招标项目感兴趣的组织：并不清楚投标人的数量	十分熟悉了解的组织：事先了解投标人数
竞争范围和透明程度	符合条件的所有组织数量较多	投标人数量（不低于3家）较低

  资料来源：根据中国知网相关文献资料整理。

---

  ① 《中华人民共和国招标投标法实施条例》第八条：国有资金占控股或者主导地位的依法必须进行招标的项目，应当公开招标；但有下列情形之一的，可以邀请招标：4. 技术复杂、有特殊要求或者受自然环境限制，只有少量潜在投标人可供选择；5. 采用公开招标方式的费用占项目合同金额的比例过大。

公开招标对社会组织的环境要求极高，社会组织市场必须具有完全竞争性，即存在多个承接组织且互为竞争关系。同时，对政府资源的要求也较高，由于公开招标的过程漫长且复杂，需要耗费大量的人力、物力和财力。为了便于监督工作的开展，正式合同中还需明确标明公共体育服务的服务内容、服务标准、预计投入资金、服务验收评价指标等信息。在地方政府购买公共体育服务中被频繁运用的方式包括竞争性磋商（谈判）和单一来源采购。其中，竞争性谈判和竞争性磋商两种方式存在着一定的区别，体现在选择原因、谈判/磋商小组成立、磋商（谈判）文件内容、评标标准四个方面（如表4-3所示）。公开招标具有竞争性强和透明度高等优势。

表 4 – 3　　　　　　　　　竞争性磋商与竞争性谈判的区别

区别	竞争性谈判	竞争性磋商
选择原因	招标后没有承接单位投标或没有合格投标的，或者重新招标未能成立的；非采购人所能预见的原因或被采购人拖延造成采用招标所需时间不能满足紧急需要	属于政府购买服务项目；市场竞争不充分或需要扶持的项目
谈判/磋商小组成立	由采购方代表和评审专家组成的 3 人以上的单数组成（达到公开招标数额标准为 5 人以上），评审专家不少于成员总数的 2/3	除谈判所需条件外，还指出在采购技术复杂、专业性强的项目时，评审专家中应当包含 1 名法律专家
磋商（谈判）文件内容	明确谈判程序、谈判内容、合同草案的条款以及评定成效的标准等事项	包括供应商资格条件、采购邀请、采购方式、采购预算、采购需求、政府采购政策要求、评审程序、评审方法、评审标准、价格构成或者报价要求
评标标准	按价格由低到高提出 3 名候选单位，再在其中选出最佳的承接单位	磋商小组采用综合评分法计算，得分最高的成为承接单位，若分数相同，则选择价格较低的，都相同，就抽签决定

资料来源：根据中国知网相关文献资料整理。

三、购买模式的特征与操作流程

地方政府购买公共体育服务会根据评价结果结算项目经费并作为下次购买服务的依据，但购买方式不同，其流程及评价方式也不相同（如表 4 - 4 所示)。由此看出，竞争性购买的流程主要是招投标形式，遴选最优承包商，充分显示出竞争性；而非竞争性购买的流程多可概括为政府直接补贴资助奖励。

表4-4　　　　　　　政府购买公共体育服务模式特征及其流程

模式类型	购买模式	模式特征	操作流程
竞争性购买	公开招标	政府将购买公共服务的需求、条件、要求、内容、资金等向社会公开。接受所有符合条件的组织或机构的申请。并按照一定的标准选择最终的公共服务承接者	自行委托代理机构进行。确定购买方式，在财政部专家库抽取专家，编制及发售招标文件、开标、资格审查、评标、确定成交供应商、公布结果、签订合同、验收及支付资金
	竞争性谈判	采购人（或代理机构）直接邀请三家以上供应商就采购事宜进行谈判，缩短采购工作的周期。邀请参加磋商的供应商、确定成交供应商、公布结果、签订合同、验收及支付资金	自行委托代理机构进行。确定购买方式，在财政部门专家库抽取专家，成立谈判小组。确定谈判文件，邀请供应商谈判，确定成交方，签约，验收及支付
	邀请招标	招标人-招标邀请书的方式邀请特定的法人或者其他组织投标	流程与公开招标一致，区别在于邀请方式是向熟悉的组织发送招标文书
非竞争性购买	直接资助	根据服务数量，政府直接补贴。通过政策优惠等形式将资金拨给承接组织这种方式并不是严格意义上的购买，属于过渡性购买	根据服务数量，政府直接补贴
	项目申请制	社会组织根据民众需求，主动向政府有关部门提出项目申请，评审同意后，政府以立项的方式给予政策支持，并通过招标、过程监测、绩效考核等方式来规范项目的运作过程	成立项目申请管理委员会。负责项目申请、审批、评估与资金管理。资金采取政府投资和社会融资相结合的方式筹集
	单一来源采购	政府与承接方通过签订合同或契约，明确购买的公共服务标的，契约双方保持主体独立	在省级以上财政部门指定的媒体上公示，公示期满后5个工作日内组织补充论证，报主管部门同意后，向设区的市、自治州以上人民政府财政部门申请批准，组织有经验的专业人员与供应商商定合理的成交价并保证项目质量，编写协商记录
	竞赛活动补助	委托性购买	体育社会组织举办竞赛活动，政府根据竞赛活动的级别、规模以及影响力给予体育社会组织相应的经费资助
	以奖代补	委托性购买	政府对体育社会组织依照评比标准与办法进行考核。对考核优秀的社会组织划拨一定的经费，以资鼓励

续表

模式类型	购买模式	模式特征	操作流程
非竞争性购买	凭单制	民办公助形式购买	政府与具备资质的机构达成协议，由政府给消费者发放公共服务消费凭单，供消费者自行选择向不同机构购买相应的公共服务
	活动凭据资助	民办公助形式购买，包括活动服务券补贴和活动台账资料补贴两种形式	活动服务券补贴形式是指政府根据群众的不同体育需求，通过活动服务券补贴的形式向体育社会组织购买不同类型和数额的体育服务。活动台账资料补贴形式是指体育社会组织通过举办活动、整理活动资料以及效果总结等争取活动补助

资料来源：根据中国知网相关文献资料整理。

四、地方政府购买公共体育服务的有效实施分析

在梳理地方政府购买公共体育服务的购买方式前需要先准确定位购买方式在地方政府购买公共体育服务运行流程中的重要地位，并规范公共体育服务购买程序，保证地方政府购买的合法性（如图4-4所示）。

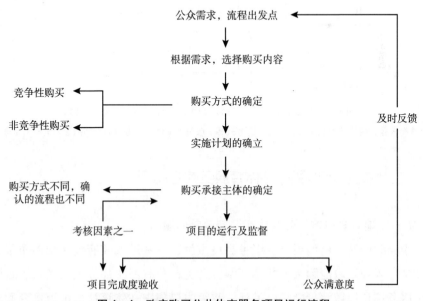

图4-4　政府购买公共体育服务项目运行流程

资料来源：根据地方政府采购网等相关资料整理。

五、地方政府购买公共体育服务的监督分析

地方政府购买公共体育服务的主要流程如下：首先确定购买内容和购买程序，即编制购买计划、公开购买信息、确定购买方式、签订购买合同、加强购买监督；其次是项目的监督，监督贯穿于整个购买行为中，分为事前（立项监督）、事中（执行监督）、事后（绩效监督），事前主要指购买服务前，事中主要指购买后到服务结束前，事后主要指购买服务结束后；最后是验收环节，考核结果对于今后地方政府购买公共服务时承接主体的确定有重要的参考价值（地方政府购买公共体育服务监督主体、阶段与对象见图4-5）。

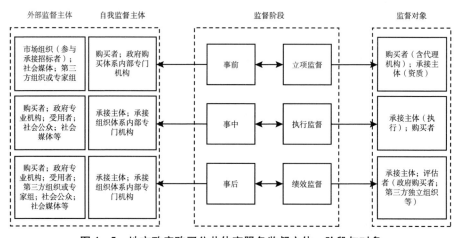

图4-5　地方政府购买公共体育服务监督主体、阶段与对象

资料来源：根据政府购买公共服务采购方式相关政策性文件和地方政府采购网等相关资料整理。

六、地方政府购买公共体育服务存在问题

（一）地方政府购买公共体育服务政策问题

中央政府对政府购买公共服务高度重视，一些地方政府也相继颁布了政策性文件来规范政府购买公共体育服务行为，只有一小部分地区发布了政府购买服务项目绩效评价办法。另外，政策主要集中在体育社会组织培育和政府采购流程和管理投诉等方面，对购买方式、购买过程执行、购买绩效评价

等方面缺少明确规定。

（二）地方政府购买公共体育服务方式问题

地方政府购买公共体育服务仍然存在购买方式单一、竞标程序不规范和透明度不高等问题。虽然地方政府购买公共体育服务方式多采用直接资助、项目申请和单一来源购买等非竞争购买方式，但竞争性购买较少，仍然存在着选择性适应现象，甚至专门为此成立相关社会组织。

（三）地方政府购买公共体育服务实施问题

我国地方政府购买公共体育服务采购招标环节出现社会力量数量、质量不足的现象，造成流标现象频繁发生，竞争机制未能完全形成，社会力量薄弱，在一定程度上阻碍了地方政府购买公共体育服务的进程。而在运行流程中出现的问题主要有两个方面：一方面是项目实施流程不规范，表现为信息交流不畅、缺乏反馈机制、公开度低、评价结果缺乏监督和公示，同时在运行过程中，公众的参与率未能体现，缺少公众意愿反馈环节；另一方面是项目结束后，对于验收情况缺乏评判标准，不利于下一次遴选承接方。因此，地方政府部门应该积极引导社会力量。

（四）地方政府购买公共体育服务评价监督问题

地方政府购买公共体育服务只是针对某一项购买服务的内容自行设计评价指标，缺乏对服务购买者的评价。在评价主体方面，政府相关部门缺乏权威、专业的评价人员，对服务对象的评价能力有限，很难对服务成果进行客观评价，致使评价结果的可靠性较差[1]。评价程序不够规范，规范的评价程序应包括评价内容、评价目的、评价主体、实施评价及受理评价申诉。传统监督方法存在监督严重缺位的问题，缺乏科学的评价机制和监督体系，监督依据不统一，监督内容模糊不清，重效率评价轻结果评价，多数以事后监督为主，监督效果不够理想。

---

[1] 焦亮亮，张玉超，周敏. 江苏省政府购买公共体育服务的方式、问题及对策研究 [J]. 辽宁体育科技, 2016 (1)：1-4.

第五章　地方政府购买公共体育服务模式分析

地方政府购买公共服务的实施必须明确参与主体。作为政府的一种市场购买行为，在实际执行中首先就要明确谁来买、向谁买的问题，必须涉及购买主体、承接主体、监督主体以及第三方中介机构等。

本书从地方政府购买公共服务实践中分别选取一些具有代表性的案例，使所选择的案例能够相互印证、互为补充，通过研究地方政府购买公共体育服务的具体运作过程，分析其运行过程中存在的问题。现阶段，我国地方政府购买公共体育服务的模式主要包括竞争性购买模式和非竞争性购买模式，其中，在各省市运用较多的竞争性购买模式是竞争性谈判（磋商）；运用较多的非竞争性购买模式是单一来源采购。两种购买方式根据各项目供给主体竞争环境进行区分，竞争性谈判是对多数具有供给主体竞争市场的项目，竞标选出最佳承包方；单一来源采购是对缺乏供给主体竞争市场的项目，指定承办单位。因此，基于上述两种不同的购买方式进行案例分析，梳理不同模式的特征、适用条件及具体操作流程，并总结存在的问题。

第一节　地方政府购买公共体育服务竞争性磋商模式分析

一、竞争性磋商模式的特征及适用条件

竞争性磋商模式是指采购人、政府采购代理机构通过组建竞争性磋商

小组（以下简称"磋商小组"）与符合条件的供应商就采购货物、工程和服务事宜进行磋商，供应商按照磋商文件的要求提交相应文件和报价，采购人从磋商小组评审后提出的候选供应商名单中确定成交供应商的采购方式。

符合下列情形的项目，可以采用竞争性磋商方式开展采购：

（1）政府购买服务项目；

（2）技术复杂或性质特殊，不能确定详细规格或具体要求的；

（3）因艺术品采购、专利、专有技术或服务的时间、数量事先不能确定等原因不能事先计算出价格总额的；

（4）市场竞争不充分的科研项目，以及需要扶持的科技成果转化项目；

（5）按照招标投标法及其实施条例必须进行招标的工程建设项目以外的工程建设项目。

竞争性磋商模式的适用条件对辖区内的社会组织环境要求相对较低，在服务项目相关承接组织数量较少的情况下适用。只需要邀请三家及以上的承接组织进行比较，从中选取最佳承接组织。但若不考虑社会环境因素与自身能力因素而盲目使用竞争性谈判方式，可能导致监督评价不透明以及寻租等现象的发生。

二、竞争性磋商模式的实践分析

苏州市老年人体育节活动有效地增进了老年人身心健康，提高了老年人的幸福感和获得感。苏州市体育总会关于苏州市老年人体育节项目多采用竞争性磋商采购。项目主要包含柔力球、气排球、棋类、太极拳（剑）、乒乓球、门球、羽毛球等。

（一）地方政府政策支持

2015年苏州市体育局、财政局颁布了《苏州市本级向社会力量购买公共体育服务管理办法（试行）》，2018年苏州市政府办公室颁布了《苏州市2019年政府采购目录》。苏州市财政局颁布的《关于印发苏州市财政局2019年政务公开工作的要点的通知》中明确提出应做好政府采购项目信息公开，及时公开投诉和监督检查等处理决定①。由此看出，苏州市政府非常重视政府购买公共体育服务的相关工作。

（二）项目参与主体与购买模式

该项目参与主体主要包括购买主体、采购代理机构、承接主体和使用主体（如表 5-1 所示），购买主体通过代理机构进行购买。购买内容包含举办体育健身活动（乒乓球、围棋、棋牌、桥牌、掼蛋、广场舞）等项目的展示交流活动。

表 5-1　　　　　　　　苏州市政府采购老年人体育节项目参与主体

参与主体	名称
购买主体	苏州市体育总会秘书处
采购代理机构	苏州伟亚工程项目管理咨询有限公司
承接主体	苏州市老年人体育协会
使用主体	苏州市老年人群体

资料来源：苏州市政府采购网 http：//czju. suzhou. gov. cn/zfcg/html/main/index. shtml。

该项目采用的模式为竞争性磋商模式，属于竞争性购买的一种方式，但相对于公开招标来讲，竞争性相对较低，但缩短了采购工作的周期。具体是指采购方（或代理机构）直接邀请三家以上供应商就采纳事宜进行谈判磋商。其主要特征有承包方具有较强的独立性，不依附于任何政府部门；竞争性相对于公开招标不足，主要原因是符合政府购买公共体育服务标准的承包商较少，且不进行公开招标，仅邀请熟悉的并具备一定资质的体育社会组织参与；购买方和承接方协商合同细则；双方不存在纯粹的监督与被监督的关系，更强调合作中的互惠互利，共同履行相关义务。

（三）项目购买流程

苏州市老年人体育项目紧紧围绕全民健身，苏州市老年人体育项目竞争性磋商项目基本程序如表 5-2 所示。

---

① 关于印发苏州市财政局 2019 年政务公开工作要点的通知 ［DB/OL］. 苏州市人民政府网，http：//www. suzhou. gov. cn/szsrmzf/czjdtxx/202001/81b5e323c0094cefbf5594797d06cc93. shtml。

表 5 – 2　　　　　　　苏州市老年人体育项目竞争性磋商项目基本程序

项目信息	主要内容
项目名称	苏州市体育总会秘书处关于苏州市老年人体育节项目的竞争性磋商采购
项目背景	紧紧围绕全民健身、健康中国的国家战略，因地制宜，广泛开展形式多样的老年体育健身活动，增进老年人身心健康，提高老年人的幸福感和获得感，项目主要包含柔力球、气排球、棋类、太极拳（剑）、乒乓球、门球、羽毛球等
磋商程序	1. 由采购代理机构、采购人、磋商小组、磋商响应单位及有关方面代表参加； 2. 磋商响应单位以签到顺序决定磋商顺序，并按顺序分别进行磋商； 3. 对采购需求中的价格、技术、服务以及合同草案条款进行磋商，但不得变动磋商文件中的其他内容； 4. 磋商结束后，所有实质性响应的磋商响应单位在最后一个磋商单位磋商结束后 15 分钟内提交最后报价，提交最后报价的单位不得少于 3 家
成交组织的确认过程	采用综合评分法。1. 符合所有要求且按评审因素的量化指标评审综合得分最高的成为成交候选承接单位；2. 评标总分最高有两位以上的，按报价由低到高的顺序推荐，得分和报价都相同，则由代理机构组织以抽签方式确定成交候选人；3. 若报价明显低于其他通过符合性审查的，有可能影响产品质量并无法证明其报价合理性的，作为无效投标处理
成交信息	成交单位：苏州市老年人体育协会；成交金额 299 980 元
	合同价格内容：完成本项服务所需的服务管理内容，包括人员招募、广告宣传、场地、公务及物料制作、赛事搭建等事项的一切费用
	支付方式：使用银行转账；甲方先支付 30% 的预付款，待项目完成后，一次性付清剩余价款

资料来源：根据苏州市政府采购网相关资料整理所得，http：//czju. suzhou. gov. cn/zfcg/html/main/index. shtml。

政府集中采购信息公示的主要内容有购买目录、项目实施情况、招标公告和中标公告。在该项目的验收中，公开招标和服务类磋商（谈判）等竞争性购买方式需要提交的验收报告中包含项目名称、服务规范及要求、服务数量、总价、验收情况以及其他需要说明的情况。

在采购流程上，竞争性谈判和竞争性磋商两者明显的区别在于评标方式，谈判是以最低价格来确认承接单位，而磋商是采用综合评分法，其中该项目的评分标准分为价格部分和技术部分两部分，磋商报价得分 =（磋商基准价/最后磋商报价）× 价格权值 × 100，其中服务项目的价格分值占总分值比重（即权重）为 10% ~ 30%，磋商基准价是指满足磋商文件要求且最后报价最

低的供应商的价格①（苏州市老年人体育项目竞争性磋商评分标准如表5－3
所示）。

表5－3　　　　　　苏州市老年人体育项目竞争性磋商评分标准

评分项目	评价内容	计分方式
价格部分	磋商价格	承接单位最终报价
	评价基准价	最终报价中的最低价
	磋商报价得分	评价基准价/最终报价×10%×100（四舍五入，保留两位小数）
技术部分	项目总体服务方案	提供的整体活动方案（活动亮点、创意策划、活动主题特色、活动设计方案）：每项4分，优秀4分，良好3分，中等2分，一般1分，未提供资料0分；最高16分
		活动前期组织筹备方案的合理性、可行性；优秀5分，良好4分，中等3分，一般2分，较差1分，未提供0分
		参加活动人员招募，报名方案的合理性、可行性；优秀4分，良好3分，中等2分，一般1分，未提供0分
		单位提供的活动场地协调方案；优秀5分，良好4分，中等3分，一般2分，较差1分，未提供0分
		提供的活动宣传方案的多样性、可行性、创新性；优秀4分，良好3分，中等2分，一般1分，未提供0分
		活动现场执行方案（现场搭建、氛围营造、摄影摄像、后勤保障）的可行性、合理性；优秀3分，良好2分，中等1分，未提供0分；最高12分
		提供的整个活动保障方案（志愿者服务方案、安全救援保障方案、活动安保方案、应急处理方案）的合理性、可行性、科学性；优秀4分，良好3分，中等2分，一般1分，未提供0分；最高16分
		针对项目重点难点分析及相应解决方案的合理性、可行性：优秀5分，良好4分，中等3分，一般2分，较差1分，未提供0分
	人员配备情况比较	类似项目（赛事）经验（组织、服务、管理）丰富程度和专业性等；每项满分3分，优秀3分，良好2分，中等1分，未提供0分
	磋商响应单位综合能力比较	获机关政府部门颁发的荣誉表彰的，提供一个2分，最高6分
		提供2016～2020年组织承办过类似老年人体育活动项目业绩的，提供一个2分，最高8分

资料来源：苏州市政府采购网http：//czju. suzhou. gov. cn/zfcg/html/main/index. shtml。

———————————

① 齐芳. 政府购买社会工作服务的竞争性磋商机制建设探析［J］. 中国社会工作，2018（4）：
33－35.

当然，竞争性磋商的合同是磋商时共同制定的，所以合同的执行和监督更具有可衡量性，且磋商采用综合评分法来确定承接单位，使得选择承接组织时更具合理性。

三、主要问题及成因

（一）问题

（1）购买政策法规不健全。政策数量虽在不断增多，但地方政府购买公共体育服务的实践操作仍然处在探索阶段，易出现管理者依靠主观判断进行购买的现象。

（2）缺乏绩效考核机制。该项目在购买目录内容和招标中标公告等方面有着十分透明且详细的信息，但在项目实施情况和绩效考核方面对社会公众公开的信息较少，绩效考核结果并没有和付费严格挂钩。

（3）项目实施流程不规范。缺乏过程控制监管，信息交流不畅、公开度低，财政总结报告和评价结果等缺乏监督和公示；整个运行过程中，公众的参与率未能体现，缺少公众意愿反馈环节。

（4）项目结束后，只有验收报告，没有考核标准，不利于下一次遴选承接方。

（二）成因

在项目运行过程中和结束后缺少监督和评价，无法为下一次举办提供挑选承接方的依据；购买主体多为内部考核机制，其真实性和准确性都无法证实；承接主体也缺少自身评价与管控机制，不利于自身的发展，而监管的缺失是造成流程不规范的重要因素。

四、解决措施

针对苏州市政府竞争性磋商购买公共体育服务时存在的主要问题和成因，提出如下解决措施。第一，提高政府政策的执行力，明确规范竞标标准和程序。第二，建立科学的评审及立项流程标准，简化购买服务流程。第三，重视监督的全程性和公开性，并将内部监督和外部监督相结合，内部监督公开度低，但具有全程性和动态性的特点；外部监督公开度较高，能确保监督结果更具科学性。第四，明确监督和评价主体、方式内容和程序等细节。

第二节　地方政府购买公共体育服务
单一来源采购模式分析

一、单一来源采购模式的特征

单一来源采购属于非竞争购买模式，单一来源采购模式是政府向唯一承接组织进行采购的方式，政府与承接组织通过签订合同或契约，双方保持主体独立。我国在《中华人民共和国政府采购法》中的第三十一条对此做了相应的规定。同时，单一来源采购由于其自身采购方式的特殊性，被各国和多个国际经济组织广泛采用。由于单一来源采购只同唯一的供应商、承包商或服务提供者签订合同，所以就竞争态势而言，采购方处于不利地位，有可能增加采购成本，所以对这种采购方法的使用，国际规则都规定了严格的适用条件。一般而言，这种方法的采用都是出于紧急采购的时效性或者只能从唯一的供应商或承包商取得货物、工程或服务的客观性。《中华人民共和国政府采购法》第三十九条对单一来源采购方式的程序进行了规定，即采取单一来源采购方式采购的，采购人与供应商应当遵循采购法规定的原则，在保证采购项目质量和双方商定的合理价格的基础上进行采购。

采取单一来源采购方式应当遵循的基本要求，具体包括三条。

第一，遵循的原则。政府采购应当遵循公开透明原则、公平竞争原则、公正原则和诚实信用原则。单一来源采购是政府采购的方式之一，尽管有其特殊性，但仍然要尽可能地遵循这些原则。

第二，保证采购质量。政府采购的质量直接关系到政府机关履行行政事务的效果。虽然单一来源采购供货渠道单一，但也要考虑采购产品的质量，否则实行单一来源政府采购本身就失去了意义。

第三，价格合理。单一来源采购虽然缺乏竞争性，但也要按照物有所值原则与供应商进行协商，本着互利原则，合理确定价格。

单一来源采购模式的流程主要包括六个环节。（1）采购预算与申请：采购人编制采购预算，填写采购申请表并提出采用单一来源采购方式的理由，经上级主管部门审核后提交财政管理部门。其中，属于因货物或服务使用不可替代的专利、专有技术，或者公共服务项目具有特殊要求，导致只能从唯一供应商处采购的，且达到公开招标数额的货物、服务项目的，应当由专业技术人员论证并公示，公示情况一并报财政部门。（2）采购审批：财政行政主管部门根据采购项目及相关规定确定单一来源采购这一采购方式，并确定采购途径，即是委托采购还是自行采购。（3）代理机构的选定：程序与公开招标相同。（4）组建协商小组：由代理机构协助组建协商小组。（5）协商、编写协商情况记录。由于单一来源采购缺乏竞争性，在协商中应确保质量的稳定性、价格的合理性、售后服务的可靠性。由于经过了技术论证，所以价格是协商的焦点，协商小组应通过协商帮助采购人获得合理的成交价并保证采购项目的质量。协商情况记录应当由协商小组人员签字认可。对记录有异议的协商小组人员，应当签署不同意见并说明理由。（6）签发成交通知书：将谈判确定的成交价格报采购人，经采购人确认后签发成交通知书。除发生了不可预见的紧急情况外，采购人应当尽量避免采用单一来源采购方式。如果采购对象确实特殊，还有采取单一来源采购方式进行采购的必要，应深入了解供应商提供的产品性能和成本，以便有效地与供应商就价格问题进行协商，尽量减少采购支出。

二、单一来源采购模式的实践分析

贵州环雷公山超 100 公里跑国际挑战赛是依托黔东南苗族侗族自治州（简称"黔东南州"）的山水风景、民族文化和地域风情策划的一项长距离路跑活动，分"三天三地三赛段"在凯里、雷山、镇远进行，因其超长赛时、超长距离、超极限的设计而在国内外路跑赛事中享有一定的知名度。该赛事始于 2011 年，2012 年被中国田径协会授予了"国际路跑银牌赛事"荣誉称号，2013～2016 年连续 4 年跻身"中国马拉松金牌赛事"系列。2015 年，黔东南州对贵州环雷公山超 100 公里跑国际挑战赛采取合同外包方式进行。2018 年，环雷公山超 100 公里跑国际挑战赛由于当地体育社会组织少、规模小、力量薄弱，无法有效承接政府转移的部分公共职能。最初黔东南州政府拟在贵州省公共资源交易平台通过公开招标的方式遴选承包商，由于参与竞争的供应商数量不足，两次公开招标全部流标，后来将招标方式调整为竞争性谈判，但因只有 1 家体育组织参与招标而再次流标。黔东南州政府将招标方式调整为与单一来源供应商协商谈判，最终与北京欧迅体育文化股份有限公司签订外包合同。

（一）地方政府政策支持

从实际运作流程来看，黔东南州国际长跑承办项目是政府受制于财政困扰而发起的一次自上而下的强制性改革。为了推进合同外包革新，政府采取了一系列措施。一方面，政府予以政策支持与资金支持。黔东南州文体广电局作为购买主体，由政府出资，支持北京欧迅体育文化公司承办黔东南州超 100 公里跑赛事，并且政府在赛事安全保障、后备医疗服务、周边环境整治等环节提供了大量人力、物力与资金支持。另一方面，有效实现管办分离，黔东南州国际长跑赛事市场化运作，改变了以往政府管理、政府办赛的模式，实现了管办分离，有效防止腐败现象的发生。2015 年，黔东南州人民政府印发《黔东南州人民政府向社会力量购买服务试点工作实施方案的通知》，但黔东南州人民政府关于政府购买公共体育服务的相关政策较少，大多是在政府发展报告中提及，缺少有针对性的政策规定。2016 年贵州省财政厅发布《做好行业协会商会承接政府购买服务工作有关问题的通知（试行）》，2018 年发布《贵州省招标公告和公示信息发布管理办法》的通知以及《关于推进政府购买服务第三方绩效评价工作的实施办法（试行）》等。因此，该地政府部门在进行公共体育服务购买时，采用较多的模式为单一来源采购。

（二）项目参与主体与购买模式

该项目购买主体通过采购代理机构进行购买（如表 5 - 4 所示）。购买内容包括赛事整体策划、市场开发、赛事保障与宣传。

表 5 - 4　　　　　　　　　　项目参与主体及内容

参与主体	名称
购买主体	黔东南州体育局
采购代理机构	贵州凯君达招标有限公司
承接主体	贵州省多彩贵州体旅融合发展有限责任公司
使用主体	参与赛事的人群

资料来源：根据黔东南政府采购网资料进行整理 http://www.zgazxxw.com/gz - 080008. html。

项目购买模式为单一来源采购，属于非竞争购买模式，其特征为政府向唯一承接组织进行采购，政府与承接组织签订合同或契约。政府采购方处于不利地位，有增加采购成本的风险。

（三）项目购买流程

该项目的购买由于参与的社会组织达不到竞标标准，导致多次流标，且赛事时间紧张，因此选择了单一来源采购的方式。该项目购买的基本程序见表 5 - 5。

表 5 - 5　　　**2018 贵州环雷公山超 100 公里国际马拉松项目基本程序**

项目信息	项目内容
项目名称	2018 贵州环雷公山超 100 公里国际马拉松比赛承办服务项目
项目背景	该赛事于 2011 年组织举办，2012 年被中国田径协会授予"国际路跑银牌赛事"荣誉称号，2013 ~ 2016 年连续 4 年跻身"中国马拉松金牌赛事"系列。2015 年，黔东南州对贵州环雷公山超 100 公里跑国际挑战赛采取合同外包方式进行。由于参与竞争的供应商数量不足，两次公开招标全部流标，后来将招标方式调整为竞争性谈判，但因只有 1 家体育组织参与招标而再次流标。黔东南州政府将招标方式调整为与单一来源供应商协商谈判，最终与北京欧迅体育文化股份有限公司签订外包合同
项目实施过程	实施过程包含明确购买主体、确定购买内容、合理确定购买预算金额、选择承接主体、签订采购合同、评估评价六部分，其中评估评价是指对每个项目进行细致的评估评价（经评估，各项目均达到了合同规定的要求，部分项目还超标准完成，比如在赛事宣传方面）
单一来源谈判程序	（1）参会人员包含采购方代表、现场监督人员、主持人、验证人、会议记录人员、投标供应商等；（2）检验投标供应商的相关证件；（3）宣读供应商的书面报价；（4）谈判小组在供应商对实施方案展开简要介绍后进行谈判；（5）谈判小组根据供应商的最终报价和响应文件对供应商进行最后评价，供应商最后报价不得高于书面报价

续表

项目信息	项目内容
评标方式及专家意见	评标方式为综合评分法。评标专家集体意见：项目赛事紧、项目内容多，且为招标不出意外。国际赛事，需要专业性强的专业团队组织，需要提供高品质的设计方案，提高赛事知名度，故建议进行单一来源采购

资料来源：黔东南政府采购网 http：//www.zgazxxw.com/gz-080008.html。

该项目运作成效较好。第一，减轻财政负担。往年举办超100公里跑活动，都是靠政府直接承办的方式进行，花费了大量资金。仅2013年，州、县两级财政及省体育局就投入大量资金用于开展赛事活动。通过合同外包方式运作后，2015~2017年，仅由州级财政投入资金，各相关县市仅负责安全保障、后备医疗服务及周边环境整治等相关工作，节约了财政资金，同时赛事效果也远超以往。第二，节省人力物力。往年举办赛事时，每年从州、各县市有关部门抽调1000余人、近100辆车协助赛事工作，且还需投入大量的物力保障才能完成。2015年由北京欧迅体育文化股份有限公司承办后，因公司有一套人员专门组织整个赛事活动，各县只负责安保、医务及部分后勤工作，其余人员都是由公司自行聘请、解决。而车辆派遣、物资供给等物力保障工作也全部由公司负责，减少了政府部门大量人力、物力的投入。第三，赛事影响力提升。往年举办超100公里跑活动，其宣传模式大多数以政府召开新闻发布会为主，从2015年起，采取合同外包方式进行市场运作后，北京欧迅体育文化股份有限公司利用自身资源优势，加强对内宣传、对外宣传、特色活动宣传和社会宣传，使赛事关注度、知名度和美誉度得到明显提高。以参赛运动员为例，2011年参加赛事的运动员数量仅为157名，2012~2015年逐年增加，2015年已有27个国家和地区的507名运动员参赛，而2016年的参赛人数激增至1083人，并且由20家企业参与赛事赞助，同比增长50%[1]。

---

[1] 中国政府采购网-经验交流.《贵州省黔东南州国际长跑比赛承办服务项目》[EB/OL].http：//www.ccgp.gov.cn/gpsr/jyjl/201710/t20171018_9004252.htm，2017-10-18/2020-04-02.

三、主要问题及成因

(一) 监管力度不足

黔东南州文体广电旅游局是超 100 公里跑比赛承办服务项目的唯一监管主体，采用单一政府内部监管模式，外部的社会公众监督与第三方专业监管相对缺失，导致监督的时效性和客观性不足。在该案例中，监管对象仅为承包方北京欧迅体育文化股份有限公司，未对购买方实施监管，呈现监管对象片面化，无法有效防止合同执行过程中出现谋私利的隐患。整个项目监管效能较低，表现为缺乏第三方考核机制的参与，对购买主体及公众监管不足，项目的运行过程缺乏反馈机制，项目结束后的评价机制流于形式。

(二) 绩效评价机制存在缺陷

在合同外包过程中，应建立一个由购买主体、服务对象和第三方共同参与的绩效评价网络。然而，在上述案例中，仅黔东南州文体广电旅游局依据合同内容对超 100 公里跑赛事进行评价，没有聘请第三方评估机构，且未规范有序地建立涉及各关联方的绩效评价机制。同时，绩效评价的考核因素仅包括参赛运动员总人数、外籍运动员人数、奖金金额以及赛事宣传、媒体广播等关键因素，过于关注赛事举办结果与赛事承办中的行为活动，忽视了赛事运作的公共价值与社会效益评价，未能将过程导向评价与结果导向评价有效结合，且未充分考虑顾客满意度、公民参与度等多方面绩效评价因素，导致绩效评价方式缺失、考核因素不全面。

(三) 主观意愿介入过多

谈判模式是在参与招标的承包商不足的情况下采取的替代模式，政府通常会考虑向专业能力较强、社会声誉度高、对政府忠诚度高的体育组织邀标，因此，与竞争模式相比，谈判模式更容易受个人意愿的影响，那些社会知名度高的体育组织更易获得承包机会。

(四) 体育社会组织环境培育较晚，无法满足人民的购买需求

在政府购买公共体育服务的过程中，若缺乏竞争环境，就难以实现有效的竞争。在体育社会组织发展薄弱的地区，只能采取非竞争的单一来源采购方式。这种方式使购买主体处于相对劣势的地位，可能引发投资成本增加，

同时缺少竞争环节，容易滋生腐败现象。

在上述案例分析中，黔东南州政府曾因本地参与招标的体育组织不足而三次流标，最终选择有多次政府项目承包经验的北京欧迅体育文化公司作为合作伙伴。深入分析问题成因可知，现阶段社会组织经济实力较弱，对政府的依赖性强，独立运作能力不足。在社会组织发展薄弱的地区，难以开展竞争性招标，容易出现流标或没有合格标的现象，且耗时长，对资金、人力和物力的要求高。而单一来源采购的优势在于购买流程短，所需资金较少，对承接单位的各项能力也较为熟悉。

四、解决措施

针对黔东南州政府采用单一来源采购购买公共体育服务时所暴露的主要问题和成因，鉴于社会组织环境阻碍了竞争性购买的执行，应采取以下措施。

（1）适度放宽体育社会组织登记注册的条件限制，并通过资助和奖励等方式扶持体育社会组织，重视提升其服务能力。

（2）政府和社会力量应共同营造良好的市场竞争环境，引入竞争机制，选择更有能力承接服务的社会力量。

（3）加强监督，建立事前—事中—事后的监督机制，并将第三方评估机构纳入监督考核范畴。

第三节　地方政府购买公共体育服务运作模式实践问题及思路

一、主要问题

近年来，各地积极探索政府购买公共体育服务工作，将适合由市场化方式提供的公共体育服务事项，交由具备条件、信誉良好的体育社会组织、机构和企业等承担，取得了重大进展，但实践中仍然存在一些亟待解决的问题。

（一）购买体系不规范

在地方政府购买公共体育服务过程中，购买体系尚待进一步规范，多数地方政府通过购买公共体育服务的方式履行其职能，但购买过程中缺少有效的法律规范加以约束。此外，政府在购买公共体育服务时仍较易出现倾向性，导致购买过程中出现不公平的现象，缺少规范、透明以及公平的环境。

（二）政府购买公共体育服务的力度有限

地方政府在购买公共体育服务方面的投入力度较为有限，受到资金等多方面因素制约，致使所购买的公共体育服务难以满足民众需求。许多地方政府仍将公共体育服务视为自身职责范畴，对外部企业与组织的信任度较低，导致公共体育服务购买力度较小，资金投入偏少。我国政府购买公共体育服务的举措主要集中在经济较发达的地区和城市，其他地区尚未全面推广。

（三）承担公共服务非营利组织资质规范的空白

《中华人民共和国政府采购法》第二十二条规定了政府采购供应商的资格条件。由于公共服务的公共性、公益性特性，承担政府购买公共服务的社会组织主要是非营利组织。在实践操作中，各地通常以非营利组织的合法资格作为承担政府购买公共服务的准入条件。社会组织承担政府购买公共服务的资质条件完全不同于社会组织的合法资格认定，体育社会组织资格的合法性认定只是解决了社会组织是否合法的问题，社会组织承担政府购买公共服务的资质条件则是反映社会组织服务条件、服务能力、服务水平的一套制度体系，这意味着一个合法存在的社会组织并不必然具有较高的服务能力和水平。

（四）合同监管制度有待完善

《中华人民共和国政府采购法》第十三条对此予以规定，明确各级人民政府财政部门是负责政府采购监督管理的部门，依法履行对政府采购活动的监督管理职责；各级人民政府有关部门依法履行与政府采购活动有关的监督管理职责[1]。然而，这也带来了一系列问题：如何监管？监管什么？基本原则和具体制度内容有哪些？现有的法律体系无法详细回答。

---

[1] 全国人民代表大会常务委员会. 中华人民共和国政府采购法［DB/OL］. https：//flk. npc. gov. cn/detail2. html？MmM5MDlmZGQ2NzhiZjE3OTAxNjc4YmY3N2UxNzA3NTM.

（五）社会组织信息公开制度不够完善

政府购买公共服务涵盖一个政府部门（服务购买方）——社会组织（服务提供方）——公民（服务接受方）这三元主体。社会组织则是公共职能的履行者，具有公共关系主体的身份。信息公开是对现代法治和民主原则对公共职能承担者的基本要求。这决定了承担履行公共服务职能的社会组织必须承担一定的信息公开义务，接受社会公众的监督。《中华人民共和国政府采购法》和《中华人民共和国政府信息公开条例》是现有的两部涉及政府购买公共服务信息公开的主要依据。虽然这两部立法对于政府信息公开的需求基本能够满足，但对于承担履行公共服务职能的社会组织而言，其信息公开问题却显得捉襟见肘。

（六）服务评价体系缺位

政府购买服务的效率和质量直接影响服务的有效供给和政府的履职水平，我国对政府采购服务评价的主要局限在于缺乏独立的监督机构，信息的真实性和竞争的公正性难以保证。地方政府购买公共体育服务缺少科学具体的考核指标，已有的定量指标多重视投入资金、人员、参与案例等方面，而对具体的实施效果、效益评价存在不足。这极易导致购买公共服务的绩效评估流于形式，缺乏应有的执行力。

二、发展思路

政府向社会力量购买服务是加快转变政府职能、提高国家治理能力、推进全面深化改革的一项重要工作。当前，政府购买服务面临诸多现实障碍，有待于一系列外部制度条件的成熟。明确政府的角色职责，推动政府从公共服务生产者向提供者的角色转换，将工作重心转移到了解公共服务需求、确定公共服务标准、加强监督管理等方面，确立政府与社会组织平等合作、相互尊重、优势互补的多元共治模式。

（一）加大政府购买公共体育服务的财政支持力度

推动各级政府在公共财政预算中增加对购买公共体育服务的预算，使之向规范化、制度化方向发展。设立公共财政支持社会组织的专项财政预算。在购买公共体育服务方面，除了以政府财政资金支持为主外，还应探索多元化筹集资金的渠道，努力加大社会公共体育服务方面的投入，保障购买公共体育服务的长期可持续发展。

（二）健全地方政府购买公共体育服务体系

健全地方政府购买公共体育服务体系，满足政府购买公共体育服务的基本要求，促进政府购买的规范化、透明化，从法律上规范政府购买公共体育服务的行为方式。构建完善的公共体育服务购买体系需要做到以下两点：一是完善购买的基本法律法规，确保购买的规范化；二是要细分公共体育服务的人员配置，对人员配置、组织架构以及职责等做出明确规定，规范公共体育服务运行。

（三）加强对公共体育服务组织的扶持

政府购买公共体育服务是履行自身职能的一种方式，积极向监督和管理的角色转变，在积极发挥体育社会组织自主性的基础上，给予体育社会组织一定的帮助和扶持，积极引导公共体育服务组织发展，为人们提供更加优质的公共体育服务。

（四）完善政府的监督和管理体系

明确政府和非营利组织在社会公共事务分担上的责任边界，推动政府购买公共体育服务的发展。政府在购买公共体育服务后，将主要的运营职能赋予体育社会组织，并做好监督和管理工作，不断促进公共体育服务质量的提升。

（五）完善政府购买公共体育服务的法律体系

借助《中华人民共和国政府采购法实施条例》的制定，应把公共体育服务纳入服务采购的内容；供应商主体资格的界定应采用更具包容性的描述，把提供公共服务的大量社会组织纳入进来。通过出台《中华人民共和国政府采购法实施条例》，使政府购买服务的行为更具操作性；对于标准明确的公共服务可以采用竞争性采购方式；对融资平台高的工程建设类服务可以采用PPP战略合作方式，包括 BOT（建设—经营—移交）、BOO（建设—拥有—经营）、PFI（私人融资，政府特许经营）等；对市场竞争不充分的领域可以通过发放消费券、补贴券、直接投入等办法，创新公共体育服务购买方式。

（六）构建政府购买公共体育服务的法律体系

一方面，要对《中华人民共和国政府采购法》加以修订，确立其作为政府购买公共服务基本法的地位。通过修订《中华人民共和国政府采购法》，明确购买公共体育服务的范围、社会组织承担公共服务职能的资质条件、社会组织信息公开义务的范围及界限等一般性规定。另一方面，对于不同公共体育服务类型，相关立法应当就体育社会组织之人员配备、设施设备、组织架构等条件进行明确规定。

（七）明确服务提供方资质标准

服务提供方的资质主要包括人力条件、物质条件、组织条件三个方面。人力条件，是指只有具备一定专业知识、素质条件的人才能作为服务提供人员。物质条件，主要是对社会组织的场地、设备、资金等方面的物质要求。组织条件，主要是指社会组织的机构设置、行政管理、财务制度等方面的要求。由于服务提供方资质的确定涉及宪法上的劳动权、平等权等基本权利，应由法律加以规范。接受政府委托提供公共体育服务的体育社会组织应具备以下条件：具有独立承担法律责任的能力；具备提供公共体育服务所需要的设施、设备和专业技术条件；具有健全的组织机构设置和财务会计、行政管理制度；三年内无违法违纪行为，社会信誉良好；法律法规规定的其他条件。对于特定领域需要具备特殊条件的，则由公共体育服务领域的特别法加以规范。

（八）建立科学的评价制度体系

在政府购买公共体育服务的框架下，政府应是"谋划者""财政支持者""监管者"和"最终的责任者"，购买公共体育服务并不意味着政府责任的转移，政府应担负监督者的角色，监督体育社会组织供给服务的数量和质量，并对服务的效果进行评估。评估主体包括政府主管部门、提供服务的社会组织和第三方评估组织。评估的基本内容包括社会组织的资质、服务需求、服务过程、服务质量、服务效果，具体内容按照合同文本确定的项目进行。评估标准主要包括服务供应方的资质标准、服务质量标准、服务计量标准、服务成果评价标准等。具体内容由政府主管部门根据服务领域的特点分别确定。政府购买公共体育服务事前，采用需求及组织资质评估的办法，用以确定购买项目以及向评估等级高的体育社会组织购买服务；事中，采用政府部门抽查、社会公众监督、服务组织自律性评估相结合的方式进行评估，以保证组织自身按照协议规定及行业规章制度运作；事后，由政府主管部门依照合同要求，按照评估标准对购买的公共体育服务实施情况进行评估。通过以上方法保障协议要求的顺利完成，为改进购买政策提供依据。此外，应建立基于评估效果的约束激励机制，对于评估结果优秀的体育社会组织，可以给予一定形式的经费资助或其他奖励，如放宽社会捐赠条件、提高体育社会组织等级等；对于评估结果差的体育社会组织，有权要求其限期改善服务，或中止其承担的政府购买公共体育服务任务。

（九）完善社会组织信息公开制度

主动公开的社会组织信息包括：所购买公共体育服务的具体质量、数量要求、价格条件、履行期限等；提供公共体育服务的体育社会组织的基本情况，包括其组织办公场地、设施设备、机构设置、人员组成、规章制度、信誉状况、发展历史等。政府对体育社会组织履行公共体育服务供给的过程及结果进行评估；体育社会组织使用公共财政资金的审计报告。除此以外，还需要依据申请进行公开。

当然，仍然需要明确体育社会组织信息公开的主体是政府，而非体育社会组织。如果将公开主体设定为体育社会组织，无疑增加了体育社会组织运作的成本和负担，因而规定由政府通过法定的途径和方式公开体育社会组织的相关信息是适宜的，但并不排除体育社会组织自愿通过各种途径公开自身的信息。

第六章　地方政府购买公共体育服务
绩效评价指标体系构建

地方政府购买公共体育服务只是服务提供方式的改变，政府在提供服务过程中的职责不但没有减轻，还有所加强。政府财政投入和契约管理都服务于效果优化，而服务效果是否得到优化以及如何促进效果优化，需要依据购买服务项目的绩效进行评价，而这需要进一步明确绩效评价主体，构建科学的地方政府购买公共体育服务绩效评价指标体系。

第一节　地方政府购买公共体育服务
绩效评价指标体系设计

一、地方政府购买公共体育服务绩效评价指标选取的基本原则

（一）科学性与系统性相结合

科学性要求选取指标时要注重指标的普适性、准确性和完备性，为了发挥指标体系的合理性，指标要具有专门性和特定性；系统性是指指标的设计必须从整体性出发，各指标相互关联，形成一个有机整体来全面评价和描述评价对象的特征与状况，保证其完整性和协调性。

（二）可衡量性与可操作性相结合

可衡量性要求用来验证指标的数据是可以被测量的；可操作性要求以适用性为基础，并在开始选取指标前收集整理相关数据资料，使选取的指标既

简洁，又具有操作性。

（三）相关性与相对独立性相结合

相关性是指各指标相互联系，而相对独立性指虽然各指标之间存在联系，但是每个指标只代表一个领域或一个角度，并在相互协调统一的同时保持其独立性。

（四）以服务公众为导向的特殊性原则

公共体育服务绩效评价需遵循以服务公众为导向的特殊性原则，强调公共体育服务的供给需要以人民为中心。

（五）动静指标与主客观指标相结合

动态指标与静态指标的结合能够将某一时期和某一时点的情况结合；在注重效率、效应的基础上，强调主观指标和客观指标相结合，主观指标主要包括公众意愿及满意度等。

二、地方政府购买公共体育服务绩效评价体系设计的理论依据

（一）"4E" 理论

公共服务绩效评价已从单纯的效率评价走向了对经济（economy）、效率（efficiency）和效果（effectiveness）的综合评价，即 3E 准则。经济是指成本输入，效率是指投入与产出之间的关系，效果是产出的最终结果，在 3E 模型的基础上，邓恩增加了一个公平要素，从而形成 4E 模型，并成为被广泛运用的评价模型①。

（二）成本效益分析理论

成本效益分析是通过比较项目的全部成本和效益来评估项目价值的一种方法，成本效益分析作为一种经济决策方法，一般用于政府部门的计划决策之中，以寻求在投资决策上如何以最小的成本获得最大的收益。常用于评估需要量化社会效益的公共事业项目的价值。

---

① 陈紫滢，徐立功. 基于双元综合评价模型的公共体育服务绩效评价研究 [J]. 哈尔滨体育学院学报，2019（3）：34－38.

三、地方政府购买公共体育服务绩效评价的主要内容

评价目标是指确保整个评价机构在进行评价时使用最有效率的方式去追求公平。通过了解区域内的购买环境，确认监督是否到位和达到了既定目标以及服务的满意度等。评价对象是解决评价谁的问题，主要指各级行政主管部门、企业组织与非营利性社会组织等；评价主体主要是解决谁来评价的问题，分为内部评价主体和外部评价主体，内部评价主体不仅包含传统的行政部门，还包含内部的广大员工以及其他相关部门，外部评价主体是指各种社会团体、专业人士、新闻媒体以及公民①。评价内容主要解决的是评价什么的问题，其不仅是对结果的衡量，还是对过程的衡量，以及对提供方努力程度和接受方满意程度的衡量。评价主体按一定的政策和使用一定的评价方法对公共体育服务购买方和生产方所提供的公共体育服务数量、质量、效率、公平性、满意度等方面进行评价。

四、地方政府购买公共体育服务绩效评价参与主体的确定

地方政府购买公共体育服务绩效评价的参与主体分为购买主体、承接主体、使用主体和评价主体。

（一）购买主体

地方政府购买方呈现的是一个复合主体，它的监管包括服务提供方的自我监督和对服务生产者的监督，自我监督又包括各政府部门的自我监督和相互监督②。根据《政府购买服务管理办法（暂行）》规定，购买主体由政府部门、事业单位、党政机关、群团组织等组成。

（二）承接主体

承接主体主要包括依法在民政部门登记成立或经国务院批准免予登记的

---

① 文英平. 政府绩效评价中的公信力研究 [D]. 兰州：西北师范大学，2011.
② 印道胜. 政府公共服务合同外包的监管问责机制研究 [D]. 南京：南京理工大学，2018.

社会组织，以及依法在工商管理或行业主管部门登记成立的企业、机构等社会力量①。通过相关政策分析可知，承接主体包含依法在民政部门登记成立或经国务院批准免予登记的社会组织，按事业单位分类改革应划入公益二类或转为企业的事业单位，依法在工商管理或行业主管部门登记成立的企业、机构等社会力量，以及行业协会商会、基层群众性自治组织和具备条件的个人②③④。

（三）使用主体

使用主体主要指社会公众。公众作为政府购买公共体育服务的使用方，并不意味着其只能被动地接受服务，作为委托者的公众也有权合理有效地表达公共体育服务诉求，同时可以在购买过程中对服务的质量进行监督评价。

（四）评价主体

评价主体是评价工作的组织者和实施者，即对地方政府购买进行评判的机构和组织。评价主体可分为内部主体和外部主体，内部主体主要是各级地方政府及相关部门，外部主体主要包括营利性社会组织、非营利社会组织、第三方机构以及媒体和公民⑤。

五、地方政府购买公共体育服务绩效评价模式分析

（一）评价模式类型

评价模式类型主要分为购买主体评价模式、承接主体评价模式、受益主体评价模式和评估主体评价模式四种（如表6-1所示）。

---

①　刘玉姿. 政府购买公共服务立法研究 [M]. 厦门：厦门大学出版社，2016：66.

②　周结友. 体育社会组织承接政府职能转移中存在的问题及对策 [J]. 体育学刊，2014（5）：36-42.

③　句华. 政府购买服务与事业单位改革衔接模式探讨 [J]. 行政管理改革，2017（3）：34-39.

④　李道华. 加强基层政府购买服务承接主体建设的思考 [J]. 改革与开放，2018（17）：49-51.

⑤　王亚奇. 上海市社区公共体育服务绩效评价指标的构建 [D]. 上海：上海体育学院，2017.

表6-1   评价模式的类型

模式	方式	内容	优缺点
购买主体评价模式（政府评价模式）：既是服务的购买者，也是服务的提供者	纵向评价	上级政府对下级政府的评价	上级政府对下级政府具有权威性，有利于评价工作的顺利开展；导致政府职能的错位、失位，忽视社会公众
	横向评价	同级别的政府部门之间的评价 政府自身进行评价	强化部门间沟通；部门间互为利益相关者；容易获得服务绩效的全部信息，使评价结果真实可靠
承接主体评价模式	自我评价	突出各自社会组织提供公共体育服务的增长点、闪光点、创新点	能直观了解需求情况，有利于各部门角色内化；容易导致形式主义的产生，缺乏可信度
受益主体评价模式	满意程度	最具有话语权	反映政府以"公众满意"的服务导向；缺乏专业知识，评价手段单一
评估主体评价模式（"第三方"评价）	独立评价	具有专业的评价技能和方法，具有很强的独立性	弥补了传统政府自我评价的缺陷，提供了客观性和公正性；面临评价指标的普适性、数据获取难度等实质性问题

资料来源：根据中国知网相关文献资料整理。

（二）多元合作评价模式构建

地方政府是多元主体评价模式的核心主体，其需要保持中立的立场，鼓励社会组织、社会公众和第三方参与评价。其中，需要发挥社会组织评价主体的作用，更好地了解供给情况与现实需求，并监督政府评价；在第三方评价方面，要确立自身评价力度及比重，清晰界定"第三方"评价模式的权利边界和评价范围。地方政府购买公共体育服务绩效评价的基础与思路如图6-1所示。

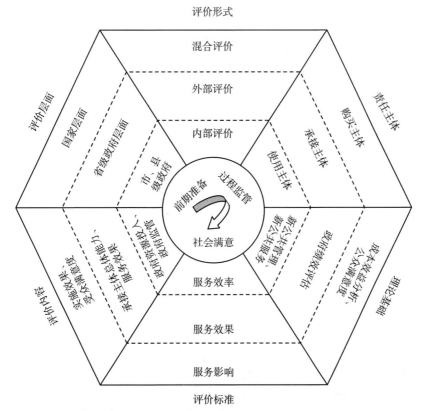

图 6-1　地方政府购买公共体育服务绩效评价基础与思路

第二节　地方政府购买公共体育服务绩效评价指标体系构建

一、地方政府购买公共体育服务绩效评价指标的经验性预选

　　地方政府购买公共体育服务绩效评价应包含政府绩效评价和公共体育服务绩效评价。地方政府绩效评价指地方政府部门为提高自身的效率和责任而进行的自律式评价，是以经济、效率、效能、公平和公众满意为目标，并将

评定结果与政府组织的奖惩结合起来。公共体育服务绩效评价主要包含相关性、效率、效果及其可持续性等方面，是客观评价与主观感受相结合的综合评价。中央政府对地方政府公共体育服务的评价主要分为三个方面，一是服务效果，二是服务效率，三是服务影响[①]（如图 6 - 2 所示）。地方政府购买公共体育服务绩效评价指标的选取应该考虑以下问题：第一，地方政府购买公共体育服务所涉及的范围十分广泛，需要评价的因素多；第二，地方政府购买公共体育服务是一个不断发展前进的过程，不同地方政府购买公共体育服务的发展模式有所区别，不同时期也存在差异；第三，地方政府购买公共体育服务涉及多个利益方，不同主体对地方政府购买公共体育服务的需求不同。

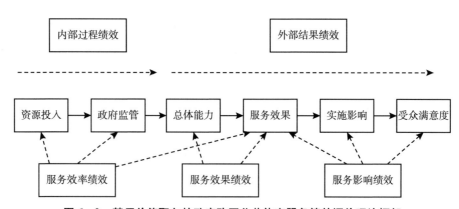

图 6 - 2　基于价值取向的政府购买公共体育服务绩效评价理论框架

通过对国内外学界地方政府购买公共体育服务绩效评价的相关文献进行整理和分析，并在"4E"理论与"成本—效益"理论的基础上，遵循绩效评价指标选取原则，提出由政府、承接主体、服务主体构成的多元合作评价模式，从不同角度和层次进行绩效评价，并构建由 3 个一级指标、6 个二级指标、45 个三级指标构成的绩效评价指标体系（如表 6 - 2 所示）。

① 谢正阳，汤际澜，陈新，徐建华. 英国公共体育服务标准化评价模式发展历程、特征及启示 [J]. 体育与科学，2018（6）：62 - 74.

表 6 – 2　　　　地方政府购买公共体育服务绩效评价指标体系初选指标

一级指标	二级指标	三级指标
政府 （A1）	资源投入 （B1）	预算编制的合理性（C1）
		地方政府购买公共体育服务支出占地方财政总支出的比重（%）（C2）
		地方政府购买公共体育服务支出的年增长率（%）（C3）
		群众体育投入资金的年增长率（%）（C4）
		体育健身场所投入资金的年增长率（%）（C5）
		体育组织投入资金的年增长率（%）（C6）
		体育监测点投入资金的年增长率（%）（C7）
		体育指导员投入资金的年增长率（%）（C8）
		每万元地方政府购买公共体育服务支出的受益人数量（人/万元）（C9）
		辖区内全体公众人均政府购买公共体育服务支出（万元/人）（C10）
	政府监管 （B2）	前期需求调研（C11）
		遴选承接机构评价能力（C12）
		管理制度的健全程度（C13）
		监督机制的完善程度（C14）
		辖区体育局是否建立体育信息网站（C15）
		购买方式选择的合理性（C16）
		合同签订和执行程度（C17）
		项目沟通协调机制完备性（C18）
		投诉申诉的应答率（%）（C19）
承接主体 （A2）	总体能力 （B3）	项目承接方的社会信誉度（C20）
		承接主体工作人员规模（人）（C21）
		承接主体资金规模（万元）（C22）
		以往承接项目数量（个）（C23）
		项目的公开招标率（%）（C24）
		服务项目完成率（%）（C25）
		以往承接项目绩效评价结果（$\bar{x}$）（C26）
		资金使用规范性合理性（C27）
		安全责任事故发生率（C28）

续表

一级指标	二级指标	三级指标
承接主体 （A2）	服务效果 （B4）	服务被投诉率（%）（C29）
		服务提供的频次（次/月）（C30）
		项目完成情况（C31）
		地方政府部门对服务工作的认可度（%）（C32）
		服务覆盖率（%）（C33）
		享受服务的便利性（C34）
		项目服务成效达标率（%）（C35）
		人均体育健身场所数量（个/人）（C36）
		人均体育指导员数量（位/人）（C37）
服务对象 （A3）	实施效果 （B5）	居民参与率（%）（C38）
		实际受众人数占比（%）（C39）
		社会组织数量增长率（%）（C40）
		竞争性购买金额占政府购买公共体育服务金额的比例（%）（C41）
	受众满意度 （B6）	受众对地方政府项目管理工作的满意度（%）（C42）
		受众对服务效果的满意度（%）（C43）
		受众对服务方式的满意度（%）（C44）
		受众对服务项目频率的满意度（%）（C45）

二、地方政府购买公共体育服务绩效评价指标的专家筛选

本书中专家的遴选标准主要包括：（1）从事公共体育服务相关工作或对体育事业发展有一定的了解；（2）具有硕士及以上学历，中级及以上职称；（3）对本书有浓厚的兴趣，愿意作为本次咨询的专家；（4）能够提供具有参考价值的意见，并能够持续参加研究。选取的专家都是在专业领域从业十年以上的学者，以及相关机构的管理人员，具有一定的权威性（专家调查问卷的样本属性如表6-3所示）。

表 6 - 3　　　　　　　　　　　专家调查问卷的样本属性

调查指标	专家情况	第一轮 有效问卷（20 份）		第二轮 有效问卷（15 份）	
		频数	比例（%）	频数	比例（%）
职业	政府单位工作人员	2	10	2	13
	教师	18	90	13	87
职称	教授	—	—	11	73
	副教授	—	—	2	13
	其他	—	—	2	13
学历	博士研究生	12	60	11	73
	硕士研究生	7	35	3	20
	本科	1	5	1	7
年限	5～15 年	7	35	5	33
	15～25 年	10	50	7	47
	25 年以上	3	15	3	20
了解程度	十分了解	—	—	4	27
	比较了解	—	—	8	53
	一般	—	—	3	20

　　问卷主要由调研说明、专家基本情况表和问卷基本内容三部分组成。第一轮为预选指标，包含 3 个一级指标，6 个二级指标，45 个三级指标，专家可对每个指标进行修改、补充和删减。第一轮问卷回收后，根据专家意见保留了所有的二级指标；删减 C1、C8、C15、C24、C30、C36、C37、C40 八个三级指标；结合专家意见与国家体育总局印发的《关于进一步加强和规范体育领域事中事后监督的若干意见》等相关政策在资源投入下补充了"地方政府动员其他监管资源的能力""地方政府对公共体育设施的监管""地方政府对社会组织的监管"三个三级指标以及在社会影响下补充了"报纸媒体宣传报道频率"一个三级指标，且在服务对象下的三级指标中，专家指出"受众"为传播学概念，改为服务对象更为合理。最后将所有指标改为正向描述，即将三级指标"安全责任事故发生率""服务被投诉率（%）"改为

"无安全事故发生""服务无投诉率",这样所有指标的正向选择都代表绩效水平较高。第二轮问卷调查指标体系如表6-4所示。

表6-4 第二轮问卷调查指标体系

一级指标	二级指标	三级指标
购买主体（政府）A1	资源投入 B1	地方政府购买公共体育服务支出占地方财政总支出的比重（%）（C1）
		地方政府购买公共体育服务支出的年增长率（%）（C2）
		群众体育投入资金的年增长率（%）（C3）
		体育健身场所投入资金的年增长率（%）（C4）
		体育组织投入资金的年增长率（%）（C5）
		体育监测点投入资金的年增长率（%）（C6）
		每万元政府购买公共体育服务支出的受益人数量（人/万元）（C7）
		辖区内全体公众人均政府购买公共体育服务支出（万元/人）（C8）
	政府监管 B2	前期需求调研（C9）
		遴选承接机构评价能力（C10）
		管理制度的健全程度（C11）
		监督机制的完善程度（C12）
		购买方式选择的合理性（C13）
		合同签订和执行程度（C14）
		项目沟通协调机制完备性（C15）
		投诉申诉的应答率（%）（C16）
		地方政府动员其他监管资源的能力（C17）
		地方政府对公共体育设施的监管（C18）
		地方政府对社会组织的监管（体育类的社会团体、民办非企业、基金会）（C19）
承接主体 A2	总体能力 B3	项目承接方的社会信誉度（C20）
		承接主体工作人员规模（人）（C21）
		承接主体资金规模（万元）（C22）
		以往承接项目数量（个）（C23）
		服务项目完成率（%）（C24）
		以往承接项目绩效评价结果（$\bar{x}$）（C25）

续表

一级指标	二级指标	三级指标
承接主体 A2	总体能力 B3	资金使用规范性合理性（C26）
		无安全责任事故发生（C27）
	服务效果 B4	服务无投诉率（%）（C28）
		项目完成情况（是/否）（C29）
		地方政府部门对服务工作的认可度（%）（C30）
		服务覆盖率（%）（C31）
		享受服务的便利性（是/否）（C32）
		项目服务成效达标率（%）（C33）
服务对象 A3	社会影响 B5	居民参与率（%）（C34）
		实际服务人数占比（%）（C35）
		竞争性购买金额占政府购买公共体育服务金额的比例（%）（C36）
		报纸媒体宣传报道频率（次/月）（C37）
	满意度 B6	对地方政府项目管理工作的满意度（%）（C38）
		对服务效果的满意度（%）（C39）
		对服务方式的满意度（%）（C40）
		对服务项目频率的满意度（%）（C41）

　　第二轮为各项指标的重要性判断。第二轮问卷调查后需要进行隶属度分析。在模糊数学的概念里，某个要素不能说完全属于某个集合，只能说在很大程度上属于，而元素属于某个集合的程度就称为隶属度[①]。本书将地方政府购买公共体育服务的绩效评价指标体系 {X} 作为一个模糊的集合，将评价指标作为集合中的元素，对其进行隶属度分析。在同一级指标中，假如对于第 i 个指标 X_i 来说，选择非常重要的人数为 P1，选择重要的人数为 P2，那么该项指标的隶属度如式（6-1）所示。

$$R_i = \frac{P1 + 0.5P2}{\text{有效问卷数量}} \qquad (6-1)$$

---

① 邵安，杨立品. 警务战术与指挥专业人才评价体系的构建研究 [J]. 河北公安警察职业学院学报，2014（4）：70-74.

如果 R_i 的值越大，该指标的隶属度越高，说明指标在该体系中的作用就越大，这些指标需要保留。本书得出的各指标隶属度见表6-5，其中隶属度高于0.5的指标可以保留，剔除隶属度小于0.5的指标[1]，保留所有二级指标，三级指标剔除体育健身场所投入资金的年增长率（%）、体育组织投入资金的年增长率（%）、项目沟通协调机制完备性（是/否）、投诉申诉的应答率（%）、地方政府动员其他监管资源的能力、地方政府对公共体育设施的监管、承接主体工作人员规模（人）、承接主体资金规模（万元）、以往承接项目数量（个）、服务无投诉率（%）、服务覆盖率（%）、享受服务的便利性、竞争性购买金额占地方政府购买公共体育服务金额的比例（%）和报纸媒体宣传报道频率共14个三级指标。

表6-5 政府购买公共体育服务绩效评价指标的隶属度

一级指标	二级指标	隶属度	三级指标	隶属度	排名
购买主体（政府）	资源投入	0.63	地方政府购买公共体育服务支出占地方财政总支出的比重（%）	0.70	4
			地方政府购买公共体育服务支出的年增长率（%）	0.63	6
			群众体育投入资金的年增长率（%）	0.60	7
			体育健身场所投入资金的年增长率（%）	0.43	删除
			体育组织投入资金的年增长率（%）	0.36	删除
			体育监测点投入资金的年增长率（%）	0.50	10
			每万元政府购买公共体育服务支出的受益人数量（人/万元）	0.67	5
			辖区内全体公众人均政府购买公共体育服务支出（万元/人）	0.53	9
	政府监管	0.63	前期需求调研	0.70	4
			遴选承接机构评价能力	0.67	5
			管理制度的健全程度	0.67	5

---

① 王飞飞. 政府购买保洁服务绩效评价研究——以镇江为例 [D]. 镇江：江苏大学，2018.

续表

一级指标	二级指标	隶属度	三级指标	隶属度	排名
购买主体（政府）	政府监管	0.63	监督机制的完善程度	0.83	1
			购买方式选择的合理性	0.57	8
			合同签订和执行程度	0.67	5
			项目沟通协调机制完备性	0.37	删除
			投诉申诉的应答率（%）	0.43	删除
			地方政府动员其他监管资源的能力	0.33	删除
			地方政府对公共体育设施的监管	0.43	删除
			地方政府对社会组织的监管（体育类的社会团体、民办非企业、基金会）	0.50	9
承接主体	总体能力	0.73	项目承接方的社会信誉度	0.63	6
			承接主体工作人员规模（人）	0.27	删除
			承接主体资金规模（万元）	0.40	删除
			以往承接项目数量（个）	0.23	删除
			服务项目完成率（%）	0.60	7
			以往承接项目绩效评价结果（x̄）	0.77	2
			资金使用规范性合理性	0.57	8
			无安全责任事故发生	0.57	8
	服务效果	0.76	服务无投诉率（%）	0.40	删除
			项目完成情况	0.67	5
			地方政府部门对服务工作的认可度（%）	0.50	10
			服务覆盖率（%）	0.43	删除
			享受服务的便利性	0.47	删除
			项目服务成效达标率（%）	0.70	4
服务对象	社会影响	0.53	居民参与率（%）	0.70	4
			实际服务人数占比（%）	0.77	2
			竞争性购买金额占政府购买公共体育服务金额的比例（%）	0.40	删除
			报纸媒体宣传报道频率（次/月）	0.37	删除

续表

一级指标	二级指标	隶属度	三级指标	隶属度	排名
服务对象	满意度	0.83	对政府项目管理工作的满意度（%）	0.57	8
			对服务效果的满意度（%）	0.73	3
			对服务方式的满意度（%）	0.67	5
			对服务项目频率的满意度（%）	0.50	10

将隶属度小于 0.5 的指标删除后，对两轮回收的专家问卷进行德尔菲法的可靠性论证。可靠性论证包含专家积极系数、专家意见集中程度、专家意见协调程度，并对最终指标进行信度和效度检验。

（1）专家积极系数 R 即为问卷的回收率，50% 为标准，60% 为比较理想，70% 为非常理想。第一轮发放了 22 份问卷，回收了 20 份，专家积极系数为 91%；第二轮发放了 20 份问卷，回收了 15 份，专家积极系数为 75%。因此，两轮问卷的积极系数都非常理想。

（2）专家意见集中程度分为指标的满分频率 K 和重要性均值 M_j，K 为给出满分的专家数与评分专家总数比（如表6-6所示）；M_j 为重要性均值，大于3.5即保留该指标，计算公式如式（6-2）所示。

$$M_j = \frac{1}{m} \sum_{j=1}^{m} C_{ij} \qquad (6-2)$$

其中，C_{ij} 表示专家 i 对指标 j 的评分值，m 表示专家人数（如表6-6所示），所有指标的重要性均值 M_j 都大于 3.5，保留所有指标。

表6-6 专家意见集中程度

一级指标	二级指标	三级指标	可靠性论证	
			满分频率 K	重要性均值 M_j
购买主体（政府）	资源投入（K=0.47）（M_j=4.27）	地方政府购买公共体育服务支出占地方财政总支出的比重（%）	0.53	4.27
		地方政府购买公共体育服务支出的年增长率（%）	0.40	4.27

续表

一级指标	二级指标	三级指标	可靠性论证	
			满分频率 K	重要性均值 M_j
购买主体（政府）	资源投入（K = 0.47）（M_j = 4.27）	群众体育投入资金的年增长率（%）	0.33	4.20
		体育监测点投入资金的年增长率（%）	0.40	3.53
		每万元政府购买公共体育服务支出的受益人数量（人/万元）	0.40	4.33
		辖区内全体公众人均政府购买公共体育服务支出（万元/人）	0.27	3.93
	政府监管（K = 0.27）（M_j = 4.27）	前期需求调研	0.60	4.40
		遴选承接机构评价能力	0.40	4.33
		管理制度的健全程度	0.40	4.33
		监督机制的完善程度	0.67	4.67
		购买方式选择的合理性	0.47	4.13
		合同签订和执行程度	0.40	4.33
		地方政府对社会组织的监管（体育类的社会团体、民办非企业、基金会）	0.27	4.00
承接主体	总体能力（K = 0.53）（M_j = 4.47）	项目承接方的社会信誉度（%）	0.33	4.27
		服务项目完成率（%）	0.33	4.20
		以往承接项目绩效评价结果（x̄）	0.60	4.53
		资金使用规范性合理性	0.33	4.13
		无安全责任事故发生	0.40	4.13
	服务效果（K = 0.53）（M_j = 4.53）	项目完成情况	0.40	4.33
		地方政府部门对服务工作的认可度（%）	0.27	3.93
		项目服务成效达标率（%）	0.40	4.40
服务对象	社会影响（K = 0.13）（M_j = 4.07）	居民参与率（%）	0.47	4.40
		实际服务人数占比（%）	0.53	4.53
	满意度（K = 0.67）（M_j = 4.67）	对政府项目管理工作的满意度（%）	0.27	4.13
		对服务效果的满意度（%）	0.53	4.47
		对服务方式的满意度（%）	0.40	4.33
		对服务项目频率的满意度（%）	0.27	3.93

（3）意见协调程度为变异系数 V_j，V_j 表示专家对指标评价波动的大小，反映专家对第 j 个指标相对重要性评价的离散程度。V_j 与专家协调程度呈负相关，$V_j < 0.25$，说明专家协调程度在可接受范围，$V_j = S_j / M_j$（专家意见协调程度如表 6 - 7 所示）。

S_j 表示指标 j 的标准差；Kendall's W 检验，即 Kendall's 和谐系数检验，主要用于分析评判者的评判标准是否一致公平，协同系数 W 值介于 0 ~ 1，W 越接近于 1 则表示各评判对象的评判标准具有一致性。将数据导入 SPSS15.0 中，按照分析—非参数检验—旧时对话框—K 个相关样本的路径进行计算，得出 KMO 为 0.207，P = 0.000（< 0.001），具有显著的统计学差异。

表 6 - 7 专家意见协调程度

一级指标	二级指标	三级指标	可靠性论证（变异系数 V_j）
购买主体（政府）	资源投入（$V_j = 0.18$）	地方政府购买公共体育服务支出占地方财政总支出的比重（%）	0.249
		地方政府购买公共体育服务支出的年增长率（%）	0.159
		群众体育投入资金的年增长率（%）	0.156
		体育监测点投入资金的年增长率（%）	0.424
		每万元政府购买公共体育服务支出的受益人数量（人/万元）	0.138
		辖区内全体公众人均政府购买公共体育服务支出（万元/人）	0.236
	政府监管（$V_j = 0.10$）	前期需求调研	0.182
		遴选承接机构评价能力	0.138
		管理制度的健全程度	0.138
		监督机制的完善程度	0.101
		购买方式选择的合理性	0.214
		合同签订和执行程度	0.138
		地方政府对社会组织的监管（体育类的社会团体、民办非企业、基金会）	0.183

续表

一级指标	二级指标	三级指标	可靠性论证（变异系数 V_j）
承接主体	总体能力（$V_j = 0.13$）	项目承接方的社会信誉度	0.134
		服务项目完成率（%）	0.156
		以往承接项目绩效评价结果（$\bar{x}$）	0.136
		资金使用规范性合理性	0.174
		无安全责任事故发生	0.195
	服务效果（$V_j = 0.11$）	项目完成情况	0.138
		地方政府部门对服务工作的认可度（%）	0.217
		项目服务成效达标率（%）	0.111
服务对象	社会影响（$V_j = 0.11$）	居民参与率（%）	0.139
		实际服务人数占比（%）	0.110
		对政府项目管理工作的满意度（%）	0.150
	满意度（$V_j = 0.10$）	对服务效果的满意度（%）	0.138
		对服务方式的满意度（%）	0.138
		对服务项目频率的满意度（%）	0.217

（4）信度主要是内在信度，即各分项评价指标之间是否具有一致性，采用 Cronbach's α 系数，计算公式如式（6-3）所示。

$$\alpha = \frac{K}{K-1}\left(1 - \frac{\sum S_i^2}{S_x^2}\right) \qquad (6-3)$$

其中，α 系数为信度系数，为测验题目数，表示所有被试在第 i 题上的分数变异，为所有被试所得总分的方差。α 系数值介于 0 和 1 之间，α 值越高，表明分项之间的一致性越强，内部一致性可信度越高，一般认为 α 在 0.7~0.8 表示信度相当好，在 0.8~0.9 表示信度非常好[1]。当然，还可以进一步评价每个分项的信度，为了分辨某些与整个指标体系关联性不大的分项，计算删除任一分项后剩余的 α 系数，如果其系数均小于整个体系指标的 α 系

---

① 方德敏. 上海迪士尼旅游者乐园地方感对城市地方感的影响机制研究 [D]. 芜湖：安徽师范大学，2018.

数，则证明每一个分项指标都是可信的，每一个与总体的关联性都很大（指标信效度检验见表6－8）。

表6－8 指标信效度检验

一级指标	二级指标	三级指标	指标信度检验信度系数
购买主体（政府）	资源投入	地方政府购买公共体育服务支出占地方财政总支出的比重（％）	0.89
		地方政府购买公共体育服务支出的年增长率（％）	0.98
		群众体育投入资金的年增长率（％）	0.98
		每万元政府购买公共体育服务支出的受益人数量（人/万元）	0.99
		辖区内全体公众人均政府购买公共体育服务支出（万元/人）	0.92
	政府监管	前期需求调研	0.95
		遴选承接机构评价能力	0.99
		管理制度的健全程度	0.99
		监督机制的完善程度	1.00
		购买方式选择的合理性	0.93
		合同签订和执行程度	0.99
		地方政府对社会组织的监管（体育类的社会团体、民办非企业、基金会）	0.97
承接主体	总体能力	项目承接方的社会信誉度	1.00
		服务项目完成率（％）	0.98
		以往承接项目绩效评价结果（$\bar{x}$）	0.99
		资金使用规范性合理性	0.97
		无安全责任事故发生	0.95
	服务效果	项目完成情况	0.99
		地方政府部门对服务工作的认可度（％）	0.94
		项目服务成效达标率（％）	1.00

续表

一级指标	二级指标	三级指标	指标信度检验信度系数
服务对象	社会影响	居民参与率（%）	0.99
		实际服务人数占比（%）	1.00
	满意度	对政府项目管理工作的满意度（%）	0.99
		对服务效果的满意度（%）	0.99
		对服务方式的满意度（%）	0.99
		对服务项目频率的满意度（%）	0.94

（5）效度检验主要分为内容效度和结构效度。在内容效度中，常用的检验方法主要通过文字描述量表的有效性，如论证问卷设计的合理性、专家或同行的认可性以及论证问卷设计合理性的说明等。最后确定了指标体系的初选，并设计三轮问卷，第一轮为筛检指标，第二轮为隶属度计算，第三轮结合 AHP 进行权重分析。专家包括政府部门行政管理人员和研究学者，且在该领域都有 5 年以上的研究经历。结构效度的适应性检验需要测量 KMO 值。KMO 统计量反映指标间的相关程度，其值越接近 0.1 时，表明项目间的相关性越强；将所得数据导入 SPSS 中，按照"分析—降维—因子分析"的路径，计算得出 KMO 为 0.475，P 为 0.029（<0.05），具有统计学上的显著性差异。

通过两轮德尔菲法的实施运用，最终确定了包含 3 个一级指标、6 个二级指标、26 个三级指标的地方政府购买公共体育服务绩效评价指标体系（如表 6-9 所示）。

表 6-9　　地方政府购买公共体育服务绩效评价指标体系最终确定

一级指标	二级指标	三级指标
购买主体（政府）	资源投入	地方政府购买公共体育服务支出占地方财政总支出的比重（%）
		地方政府购买公共体育服务支出的年增长率（%）
		群众体育投入资金的年增长率（%）
		每万元政府购买公共体育服务支出的受益人数量（人/万元）
		辖区内全体公众人均政府购买公共体育服务支出（万元/人）

续表

一级指标	二级指标	三级指标
购买主体（政府）	政府监管	前期需求调研
		遴选承接机构评价能力
		管理制度的健全程度
		监督机制的完善程度
		购买方式选择的合理性
		合同签订和执行程度
		地方政府对社会组织的监管（体育类的社会团体、民办非企业、基金会）
承接主体	总体能力	项目承接方的社会信誉度
		服务项目完成率（%）
		以往承接项目绩效评价结果（x̄）
		资金使用规范性合理性
		无安全责任事故发生
	服务效果	项目完成情况
		地方政府部门对服务工作的认可度（%）
		项目服务成效达标率（%）
服务对象	社会影响	居民参与率（%）
		实际服务人数占比（%）
	满意度	对政府项目管理工作的满意度（%）
		对服务效果的满意度（%）
		对服务方式的满意度（%）
		对服务项目频率的满意度（%）

（一）政府维度

在对地方政府购买公共体育服务进行绩效评价时，应综合考虑投入和监管两个方面，评价对象为购买主体，即上级主管部门或独立的第三方机构。

1. 资源投入指标。地方政府购买公共体育服务过程中投入的各种资源都源于地方政府财政资金。选择群众体育投入资金的年增长率等指标，如表6-10所示。

表 6 - 10　　　　　　　　　　　资源投入指标绩效评价内容

三级指标	考核内容
地方政府购买公共体育服务支出占地方财政总支出的比重（%）	按照"地方政府购买公共体育服务支出/地方政府购买公共服务支出"计算得分
地方政府购买公共体育服务支出的年增长率（%）	按照"当年政府购买公共体育服务支出增长额/上一年度政府购买公共体育服务支出总额"计算得分
群众体育投入资金的年增长率（%）	按照"当年该辖区群众体育投入资金/上一年度该辖区群众体育投入资金"计算得分
每万元政府购买公共体育服务支出的受益人数量（人/万元）	按照"辖区内人数/地方政府购买公共体育服务支出/人数"计算得分
辖区内全体公众人均政府购买公共体育服务支出（万元/人）	按照"政府购买公共体育服务支出/辖区内全体公众人数"计算得分

2. 政府监管指标。地方政府在购买公共体育服务的过程中承担着监督和管理的职责。监督机制是购买公共体育服务的重要保障，地方政府监管是否完善是政府工作的一项重要指标。从前期调研、承接方选择、合同签订到监督管理等一系列流程都反映出地方政府监管的水平（如表 6 - 11 所示）。

表 6 - 11　　　　　　　　　　政府监管指标绩效评价内容

三级指标	考核内容
前期需求调研	政府部门在购买服务前期，是否进行了充分的论证，是否进行了居民服务需求的调研工作。有相关工作或规定细则为 1 分，否则为 0 分
遴选承接机构评价能力	政府部门是否按照相关要求和标准遴选符合条件的承接机构的能力。由专家评判，是为 1 分，否则 0 分
管理制度的健全程度	当地政府是否有关于政府购买服务的相关法律及实施细则，以及是否制定了政府购买服务流程管理、绩效评价等一系列相关制度。是为 1 分，无为 0 分
监督机制的完善程度	是否存在明确的监督机构和完备的监督制度。是为 1 分，无为 0 分

三级指标	考核内容
购买方式选择的合理性	选择的购买方式是否合理，无购买方式选择不当造成的废标、流标。是为 1 分，无为 0 分
合同签订和执行程度	政府部门对项目实施过程的进度是否进行了审查，服务合同中是否标明服务内容、对象、范围、期限、数量、质量、资金总额及支付方式等，双方权利和责任明确。内容明确为 1 分，否则为 0 分
地方政府对社会组织的监管（体育类的社会团体、民办非企业、基金会）	是否对社会组织有明确的监督行为，有为 1 分，否则为 0 分

（二）承接主体维度

在地方政府购买公共体育服务的过程中，承接机构为服务提供方，其利用自身在专业技术方面的能力投入相关服务。从承接机构角度对地方政府购买公共体育服务进行绩效评价，应综合考虑总体能力和服务效果两个方面，评价对象为服务提供主体，评价对象可以是政府相关部门或独立的第三方机构。

1. 总体能力指标。对承接主体的总体能力进行评价，有利于地方政府更好地选择承接主体，且除了主要来源于地方政府投入的财政资源，承接机构还需要投入一定的人力资源、时间成本和专业技术。因此，其总体能力决定了地方政府购买公共体育服务的执行效率和效果（总体能力指标绩效评价内容如表 6 – 12 所示）。

表 6 – 12　　　　　　　　　　　总体能力指标绩效评价内容

三级指标	考核内容
项目承接方的社会信誉度	所有项目达标且无投诉率。完成为 1 分，否则为 0 分
服务项目完成率（%）	按照"承接主体完成服务项目数/承接主体承接服务项目数"计算得分
以往承接项目绩效评价结果（$\bar{x}$）	承接主体往年承接的所有项目绩效评价值。满分为 100 分

续表

三级指标	考核内容
资金使用规范性合理性	是否按照规定使用资金，资金无超标的项目。是为1分，否则为0分
无安全责任事故发生	采用"零容忍"评价，未发生过任何安全事故为1分，发生过为0分

2. 服务效果指标。服务效果指如实反映地方政府购买服务绩效。对于服务效果，最主要的就是服务前后对比变化和对服务的认可度等（服务效果指标绩效评价内容如表6-13所示）。

表6-13　　　　　　　　服务效果指标绩效评价内容

三级指标	考核内容
项目完成情况	项目是否按质按量地完成。是为1分，否则为0分
地方政府部门对服务工作的认可度（%）	按照"某项目被同一机构承接数/该项目举办数"计算得分
项目服务成效达标率（%）	以往承接服务项目的结果是否达标；按照"承接项目的服务效果达标数/承接服务项目总数"计算

（三）服务对象维度

在地方政府购买公共体育服务过程中，服务对象是服务受益方。从服务对象角度对地方政府购买公共体育服务进行绩效评价，应综合效果和满意度两个方面，即服务对象可以对政府相关部门和承接机构进行评价。

1. 社会影响。地方政府购买公共体育服务会产生一定的社会影响，其主要体现在实施效果上，并在绩效评价体系中体现出来，促使政府更好地满足社会公众多元化的公共体育服务需求（实施效果指标绩效评价内容如表6-14所示）。

表6-14   实施效果指标绩效评价内容

三级指标	考核内容
居民参与率（%）	按照"当年该辖区内参与人数/辖区内总人数"计算得分
实际服务人数占比（%）	按照"该辖区内实际服务人数/辖区内总人数"计算得分

2. 受众满意度。政府只有通过购买公共体育服务使公众感受到优质服务，才能体现其存在价值和合法性。对于满意度，最直接的评价来自使用主体的感受。主要是通过满意度和认可度来调查，主要内容是服务对象对服务的质量、态度、次数和改善情况等进行打分（服务对象满意度指标绩效评价内容如表6-15所示）。

表6-15   服务对象满意度指标绩效评价内容

三级指标	考核内容
受众对政府项目管理工作的满意度（%）	服务对象对该辖区内政府管理的满意度
受众对服务效果的满意度（%）	服务对象对该辖区内服务所达到效果的满意度
受众对服务方式的满意度（%）	服务对象对该辖区内提供服务方式的满意度
受众对服务项目频率的满意度（%）	服务对象对该辖区内服务项目频率的满意度

三、地方政府购买公共体育服务绩效评价指标的权重设计

地方政府购买公共体育服务的指标确定后，需要确定各指标的权重并系统构建一个完整的绩效评价指标体系。本书选择运用层次分析法，将专家的主观判断进行量化并加以处理。层次分析法是一种处理可量化和/或无形标准的测量理论，它主要基于这样一个原则，即为了做出决策，人们的经验和知识至少与他们使用的数据一样有价值。层级中的元素根据其重要性或对给定标准的贡献进行比较，该标准位于被比较要素的正上方。这一比较过程产生了衡量要素优先次序或权重的相对尺度。也就是说，该标准衡量各要素相对于某一标准的相对地位，而不考虑任何其他可考虑进行比

较的标准或要素，这些相对权重之和等于1。层次结构底层元素的最终或全局权重是通过将一个级别中的元素相对于上一级别中所有元素的贡献相加而获得的。虽然有多种方法可以综合备选方案的权重和标准的权重，但层次分析法的可叠加性聚合规则更具优势。层次分析法适用于通过比例尺度来衡量无形标准和有形标准。此外，将一个问题分解成不同的组成部分，能够通过简单的成对比较判断将不同组成部分联系起来。该理论的公理如下。**公理1**：相互比较。决策者必须能够进行比较，并说明其偏好的强度。这些偏好的强度必须满足倒数条件：如果 A 比 B 优先 x 倍，那么 B 比 A 优先 1/x 倍。**公理2**：同质性。偏好用一个有限的尺度来表示。**公理3**：独立性。当表达偏好时，假设标准独立于备选方案的属性。**公理4**：期望。执行中，给定一个标准和两个选项 A 和 B，哪个选项更满足它，结果是成对比较的矩阵。成对比较用于估计测量水平中元素的基本一维尺度。这可以通过使用成对比较矩阵的主要特征向量来实现。这个上限被设置为一个数量级，即9。如果被比较的元素不属于同一个群，它们可以排列成不同的簇，并与同数量级的元素进行比较。集群之间的比较可以通过共享属于其边界的公共元素来进行。为了度量元素的优先级，本书必须将一个级别中元素的权重传播到它下面级别中的所有元素。这是通过分层组合原则完成的①（确定权重的方法如表6-16所示）。

表6-16 　　　　　　　　　确定权重的方法

方法	数据流动性	数据间相关关系	数字大小信息	计算原理
因子分析	无	有	无	利用了数据的信息浓缩原理
主成分分析	无	有	无	利用方差解释率进行权重计算
AHP 层次法	无	无	有	利用数字的相对大小信息进行权重计算
优序图法	无	无	有	
熵值法	无	无	无	利用数据熵值信息即信息量大小进行权重计算

---

① Vargas L G. An overview of the analytic hierarchy process and its applications [J]. European Journal of Operational Research, 1990 (1): 2-8.

方法	数据流动性	数据间相关关系	数字大小信息	计算原理
CRITIC 权重	有	有	无	利用数据的波动性或数据之间的相关性关系进行权重计算
独立性权重	无	有	无	
信息量权重	有	无	无	

资料来源：https://wenku.baidu.com/view/c8c27ce9f68a6529647d27284b73f242326c314a.html。

将前两轮回收的专家问卷进行整理得出的指标体系导入 AHP 层次分析软件，并导出专家调查表，随后对 11 位专家进行线上发放问卷（纸质版见附件）。回收 11 份问卷，有效问卷 10 份（打分情况如表 6 - 17 所示）。

表 6 - 17　　　　　　　　10 位专家指标两两比较打分情况

A	专家序号										B
	1	2	3	4	5	6	7	8	9	10	
承接主体	B8	A4	A9	B5	B8	B8	B7	B9	B9	A9	服务对象
承接主体	B8	B6	B9	A7	A7	A8	B8	A9	B7	B8	购买主体（政府）
服务对象	A9	A3	B9	A8	A8	A8	A7	B8	A8	A9	购买主体（政府）
总体能力	B9	B7	B9	B5	B9	A8	B8	B9	B8	B9	服务效果
满意度	A9	B2	B9	A9	B9	A8	B8	A9	A9	A9	社会影响
资源投入	A9	1	A9	A3	A8	A8	A8	A9	1	A9	政府监管
服务项目完成率	A8	B7	B9	B2	B7	B8	A5	A9	B9	A8	以往承接项目绩效评价结果
服务项目完成率	A9	B9	B9	A2	A8	B9	B5	A9	A8	A9	项目承接方的社会信誉度
服务项目完成率	A8	B9	B9	A3	A7	A7	B5	B7	1	A8	资金使用规范性和合理性
服务项目完成率	B8	B8	B7	B2	A7	B9	B7	A9	B8	A8	安全责任事故发生情况
以往承接项目绩效评价结果	B8	1	B7	A2	A7	1	B6	A9	A8	A8	项目承接方的社会信誉度
以往承接项目绩效评价结果	B6	B2	B7	A3	A7	A7	B6	A9	A9	A8	资金使用规范性和合理性

续表

| A | 专家序号 | | | | | | | | | | B |
	1	2	3	4	5	6	7	8	9	10	
以往承接项目绩效评价结果	A8	B3	A8	A2	A7	B8	B7	A9	A8	A8	安全责任事故发生情况
项目承接方的社会信誉度	A8	B5	A8	A2	A7	1	B7	B8	B8	B8	资金使用规范性和合理性
项目承接方的社会信誉度	A9	B6	A9	B2	A6	B9	B7	A8	B8	B8	安全责任事故发生情况
资金使用规范性和合理性	A9	B2	A9	B5	B8	B9	B8	A8	B8	B7	安全责任事故发生情况
项目服务成效达标率	A9	1	B9	A3	A8	A7	A7	B9	A8	B8	地方政府部门对服务工作的认可度
项目服务成效达标率	A9	B2	A9	A3	B7	1	A6	A8	A8	A8	项目完成情况
地方政府部门对服务工作的认可度	A9	B3	A9	B2	B8	A7	B6	A8	B8	A8	项目完成情况
受众对服务效果的满意度	B9	A4	A9	A5	A9	A8	A6	1	A8	A8	受众对服务方式的满意度
受众对服务效果的满意度	A9	A3	B9	A4	A9	A8	A7	A8	A8	B8	受众对政府项目管理工作满意度
受众对服务效果的满意度	A8	A5	B7	A7	A8	A8	A5	A8	A9	B8	受众对服务项目频率满意度
受众对服务方式的满意度	B9	A2	B8	A2	A7	A7	A4	A8	A8	B8	受众对政府项目管理工作满意度
受众对服务方式的满意度	B9	A2	A9	A4	B7	A7	A3	A8	A8	A8	受众对服务项目频率满意度
受众对政府项目管理工作满意度	B9	A4	A9	A5	B7	A6	B3	A8	A7	A8	受众对服务项目频率满意度
居民参与率	B9	B2	B9	B3	B8	A8	1	A9	B8	A9	实际服务人数占比
地方政府购买公共体育服务支出占地方财政支出的比重	A9	A6	A9	A5	B7	A7	A3	B9	A8	A8	群众体育投入资金的年增长率

| A | 专家序号 | | | | | | | | | | B |
	1	2	3	4	5	6	7	8	9	10	
地方政府购买公共体育服务支出占地方财政支出的比重	A8	A4	B9	1	B7	A7	A3	A9	A7	A8	地方政府购买公共体育服务支出的年增长率
地方政府购买公共体育服务支出占地方财政支出的比重	A8	1	B9	B3	B7	B7	B3	A9	B8	B8	辖区内全体公众人均政府购买公共体育服务支出
地方政府购买公共体育服务支出占地方财政支出的比重	A8	B6	B9	B3	B7	B7	B4	A9	B8	B7	每万元政府购买公共体育服务支出的受益人数量
群众体育投入资金的年增长率	A8	B2	B9	B5	B7	A8	B3	B9	B8	B8	地方政府购买公共体育服务支出的年增长率
群众体育投入资金的年增长率	B9	B4	B9	B3	B8	B7	B4	B9	B9	B7	辖区内全体公众人均政府购买公共体育服务支出
群众体育投入资金的年增长率	A9	B4	B9	B3	B8	B7	B5	B9	B9	B8	每万元政府购买公共体育服务支出的受益人数量
地方政府购买公共体育服务支出的年增长率	A9	B2	B9	B5	B8	B7	B4	B9	B9	B8	辖区内全体公众人均政府购买公共体育服务支出
地方政府购买公共体育服务支出的年增长率	A9	B6	B9	B5	B8	B7	B4	A9	B9	B8	每万元政府购买公共体育服务支出的受益人数量
辖区内全体公众人均政府购买公共体育服务支出	A9	B2	B9	B2	B8	1	B4	B9	1	B8	每万元政府购买公共体育服务支出的受益人数量
遴选承接机构评价能力	A9	B2	A9	B3	B7	A7	B4	B7	B9	A8	监督机制的完善程度
遴选承接机构评价能力	A9	A2	B9	B2	B7	A7	B4	B7	B9	A9	管理制度的健全程度
遴选承接机构评价能力	A9	B6	B9	B2	B7	A7	B5	B8	B9	B8	购买方式选择的合理性
遴选承接机构评价能力	B9	B5	B9	B5	B8	A8	B3	B9	B9	B8	前期需求调研
遴选承接机构评价能力	A9	B2	B9	B2	B8	A8	B5	B8	B9	A8	地方政府对社会组织的监督
遴选承接机构评价能力	B9	B3	B9	B4	B7	1	B6	B7	B9	B8	合同签订和执行程度
监督机制的完善程度	A8	A3	B9	A3	B7	1	B4	1	A8	A8	管理制度的健全程度
监督机制的完善程度	B9	B4	A9	A3	B7	B7	B3	B8	A8	A8	购买方式选择的合理性

续表

A	专家序号										B
	1	2	3	4	5	6	7	8	9	10	
监督机制的完善程度	B6	B3	A9	B2	B7	A7	B2	B9	B9	A7	前期需求调研
监督机制的完善程度	A8	B3	B9	A2	B7	A7	B2	B7	B9	A7	地方政府对社会组织的监督
监督机制的完善程度	B8	B5	B9	B3	B7	1	B4	B8	B9	B8	合同签订和执行程度
管理制度的健全程度	B6	B6	B9	B3	B7	B7	B4	B9	B9	B8	购买方式选择的合理性
管理制度的健全程度	A8	B7	B9	B5	B7	A7	A3	B9	B9	A8	前期需求调研
管理制度的健全程度	B6	B5	B9	B3	B7	A7	B2	1	B9	A8	地方政府对社会组织的监督
管理制度的健全程度	B8	B7	B5	B2	1	B4	B8	B9	B9		合同签订和执行程度
购买方式选择的合理性	B8	B3	B9	B2	B7	A8	A4	B9	B9	B8	前期需求调研
购买方式选择的合理性	A9	B2	A9	A2	B7	A8	A3	B7	B8	B8	地方政府对社会组织的监督
购买方式选择的合理性	A8	B3	A9	B3	B7	A7	A3	B8	B8	B8	合同签订和执行程度
前期需求调研	B8	A3	B7	B2	B7	B7	B3	A9	A9	A8	地方政府对社会组织的监督
前期需求调研	B6	1	B9	B3	B7	B8	B3	A9	A7	B8	合同签订和执行程度
地方政府对社会组织的监督	A9	B2	B9	B4	B8	1	B4	A9	1	B8	合同签订和执行程度

通过将回收的问卷导入 AHP 中，得出各层次判断矩阵及一致性比例（CR）结果和各项指标。一致性比例（CR）结果中的一致性指标 CI 的值越大，表明判断矩阵偏离完全一致性的程度越大，反之，则越接近于完全一致性。对于多阶判断矩阵，引入平均随机一致性指标 RI，两者之比称为一致性比率 CR。当 CR < 0.10 时，便认为判断矩阵具有可以接受的一致性，当 CR≥0.10 时，就需要调整和修正判断矩阵，使其满足 CR < 0.10，从而具有满意的一致性[1]。Wi 为判断矩阵的特征向量。

---

① 邓家桃. 基于模糊综合评判法的大学物理实验教学评价 [D]. 长沙：湖南大学，2007.

本书直接通过 AHP 软件导出 CR 和特征向量值（见表 6-18 至表 6-27）。

表 6-18 　　　　　　　集结后的判断矩阵——一级指标判断矩阵

一级指标	承接机构	服务对象	购买主体（政府）	Wi 特征向量	CR	结果
承接机构	1	0.4351	1.1458	0.2398		
服务对象	2.2981	1	2.6333	0.5510	0.0000 < 0.1	通过
购买主体（政府）	0.8727	0.3798	1	0.2092		

表 6-19 　　　　　　　集结后的判断矩阵——承接机构

承接机构	总体能力	服务效果	Wi 特征向量	CR	结果
总体能力	1	0.2350	0.1903		
服务效果	4.2555	1	0.8097	0.0000 < 0.1	通过

表 6-20 　　　　　　　集结后的判断矩阵——服务对象

服务对象	满意度	社会影响	Wi 特征向量	CR	结果
满意度	1	3.8387	0.7933		
社会影响	0.2605	1	0.2067	0.0000 < 0.1	通过

表 6-21 　　　　　　　集结后的判断矩阵——购买主体

购买主体（政府）	资源投入	政府监管	Wi 特征向量	CR	结果
资源投入	1	4.0420	0.8017		
政府监管	0.2474	1	0.1983	0.0000 < 0.1	通过

表6-22 集结后的判断矩阵——总体能力

总体能力	服务项目完成率	以往承接项目绩效评价结果	项目承接方的社会信誉度	资金使用规范性合理性	无安全责任事故发生	Wi特征向量	CR	结果
服务项目完成率	1	0.7676	1.3143	1.3346	0.8015	0.1976		
以往承接项目绩效评价结果	1.3028	1	1.7122	1.7387	1.0441	0.2574		
项目承接方的社会信誉度	0.7609	0.5840	1	1.0155	0.6098	0.1504	0.0000 < 0.1	通过
资金使用规范性合理性	0.7493	0.5751	0.9848	1	0.6005	0.1481		
无安全责任事故发生	1.2477	0.9578	0.6399	1.6653	1	0.2466		

表6-23 集结后的判断矩阵——服务效果

服务效果	项目服务成效达标率	地方政府部门对服务工作的认可度	项目完成情况	Wi特征向量	CR	结果
项目服务成效达标率	1	1.2169	1.5983	0.4086		
地方政府部门对服务工作的认可度	0.8218	1	1.3134	0.3358	0.0000 < 0.1	通过
项目完成情况	0.6257	0.7614	1	0.2556		

表 6 - 24   集结后的判断矩阵——满意度

满意度	对服务效果的满意度	对服务方式的满意度	受众对政府项目管理工作满意度	受众对服务项目频率的满意度	Wi 特征向量	CR	结果
受众对服务效果的满意度	1	2.2469	2.0795	3.2903	0.4485		
受众对服务方式的满意度	0.4451	1	0.9255	1.4644	0.1996	0.0000 < 0.1	通过
受众对政府项目管理工作满意度	0.4809	1.0805	1	1.5823	0.2157		
受众对服务项目频率的满意度	0.3039	0.6829		1	0.1363		

表 6 - 25   集结后的判断矩阵——社会影响

社会影响	居民参与率	实际服务人数占比	Wi 特征向量	CR	结果
居民参与率	1	0.7225	0.4194	0.0000 < 0.1	通过
实际服务人数占比	1.3841	1	0.5806		

表 6 - 26   集结后的判断矩阵——资源投入

资源投入	地方政府购买公共体育服务支出占地方财政总支出的比重	群众体育投入资金的年增长率	地方政府购买公共体育服务支出的年增长率	辖区内全体公众人均政府购买公共体育服务支出	每万元政府购买公共体育服务支出的受益人数量	Wi 特征向量	CR	结果
地方政府购买公共体育服务支出占地方财政总支出的比重	1	3.9782	2.2229	0.7749	0.5506	0.2080	0.0000 < 0.1	通过

续表

资源投入	地方政府购买公共体育服务支出占地方财政总支出的比重	群众体育投入资金的年增长率	地方政府购买公共体育服务支出的年增长率	辖区内全体公众人均政府购买公共体育服务支出	每万元政府购买公共体育服务支出的受益人数量	Wi 特征向量	CR	结果
群众体育投入资金的年增长率	0.2514	1	0.5588	0.1948	0.1384	0.0523		
地方政府购买公共体育服务支出的年增长率	0.4499	1.7896	1	0.3486	0.2477	0.0936		
辖区内全体公众人均政府购买公共体育服务支出	1.2905	5.1340	2.8688	1	0.7106	0.2684	0.0000 < 0.1	通过
每万元政府购买公共体育服务支出的受益人数量	1.8161	7.2249	4.0371	1.4073	1	0.3777		

表 6 - 27　　　　　集结后的判断矩阵——政府监管

政府监管	遴选承接机构评价能力	监督机制的完善程度	管理制度的健全程度	购买方式选择的合理性	前期需求调研	地方政府对社会组织的监督	合同签订和执行程度	Wi 特征向量	CR	结果
遴选承接机构评价能力	1	1.0428	1.8021	0.4665	0.4493	0.6030	0.2950	0.0838		
监督机制的完善程度	0.9590	1	1.7282	0.4474	0.4309	0.5783	0.2829	0.0804	0.0000 < 0.1	通过

续表

政府监管	遴选承接机构评价能力	监督机制的完善程度	管理制度的健全程度	购买方式选择的合理性	前期需求调研	地方政府对社会组织的监督	合同签订和执行程度	Wi特征向量	CR	结果
管理制度的健全程度	0.5549	0.5786	1	0.2589	0.2493	0.3346	0.1637	0.0465		
购买方式选择的合理性	2.1434	2.2351	3.8626	1	0.9630	1.2925	0.6324	0.1797		
前期需求调研	2.2257	2.3209	4.0110	1.0384	1	1.3422	0.6567	0.1866	0.0000 < 0.1	通过
地方政府对社会组织的监督	1.6583	1.7293	22.9885	0.7737	0.7451	1	0.4893	0.1390		
合同签订和执行程度	3.3895	3.5345	6.1083	1.5814	1.5229	2.0439	1	0.2841		

每一个组合权重数都是一个关键系数，即各层级构成矩阵的每一项指标的权重乘以上一层的权重（见表6-28）。例如地方政府购买公共体育服务支出占地方财政总支出的比重组合权重＝地方政府购买公共体育服务支出占地方财政总支出的比重权重×资源投入权重＝0.0349×0.1677＝0.0059。

表6-28　　　　　　　　各指标权重及组合权重情况

一级指标	权重	二级指标	权重	组合权重	三级指标	权重	组合权重
购买主体（政府）	0.2092	资源投入	0.1677	0.0351	地方政府购买公共体育服务支出占地方财政总支出的比重（%）	0.0349	0.0059
					地方政府购买公共体育服务支出的年增长率（%）	0.0157	0.0026

续表

一级指标	权重	二级指标	权重	组合权重	三级指标	权重	组合权重
购买主体（政府）	0.2092	资源投入	0.1677	0.0351	群众体育投入资金的年增长率（%）	0.0088	0.0015
					每万元政府购买公共体育服务支出的受益人数量（人/万元）	0.0634	0.0106
					辖区内全体公众人均政府购买公共体育服务支出（万元/人）	0.0450	0.0075
		政府监管	0.0415	0.0087	前期需求调研	0.0077	0.0003
					遴选承接机构评价能力	0.0035	0.0001
					管理制度的健全程度（%）	0.0019	0.0001
					监督机制的完善程度（%）	0.0033	0.0001
					购买方式选择的合理性	0.0075	0.0003
					合同签订和执行程度	0.0118	0.0005
					地方政府对社会组织的监管（体育类的社会团体、民办非企业、基金会）（%）	0.0058	0.0002
承接主体	0.2398	总体能力	0.0456	0.0109	项目承接方的社会信誉度	0.0069	0.0003
					服务项目完成率（%）	0.0090	0.0004
					以往承接项目绩效评价结果（$\bar{x}$）	0.0117	0.0005
					资金使用的规范性合理性	0.0068	0.0003
					无安全责任事故发生	0.0112	0.0005
		服务效果	0.1941	0.0465	项目完成情况	0.0496	0.0096
					地方政府部门对服务工作的认可度（%）	0.0652	0.0127
					项目服务成效达标率（%）	0.0793	0.0154

一级指标	权重	二级指标	权重	组合权重	三级指标	权重	组合权重
服务对象	0.5510	社会影响	0.1139	0.0628	居民参与率（%）	0.0479	0.0055
					实际服务人数占比（%）	0.0661	0.0075
		满意度	0.4371	0.2408	受众对政府项目管理工作满意度（%）	0.0943	0.0412
					受众对服务效果的满意度（%）	0.1960	0.0857
					受众对服务方式的满意度（%）	0.0872	0.0381
					受众对服务项目频率的满意度（%）	0.0596	0.0261

在此指标体系中，购买主体（地方政府）为权重占比最小的一级指标，涵盖了购买社会环境和前期准备等工作，服务对象是占比最大的一级指标，是购买主体的2.6倍。二级指标中，权重占比最大的是满意度，大约为该层次占比最小指标的10.5倍；权重占比第二的为服务效果。三级指标中，权重占比最大的是对服务效果的满意度，其次是对政府项目管理工作的满意度，第三为对服务方式的满意度，前三名均为满意度层面；排名第四、第五、第六的指标分别是项目服务成效达标率、实际服务人数占比和地方政府部门对服务工作的认可度，这些指标实际上均反映了服务效果，即效果更能反映绩效水平。权重占比最小的是资金使用的规范性合理性，仅占0.0068，占比第一的三级指标是其29倍之多，从权重分配来看，基本反映了现实情况。

第七章　地方政府购买公共体育服务绩效评价的实证分析

第一节　江苏省地方政府购买公共体育服务的基础条件分析

2020 年 8 月 26 日，国家体育总局正式公布《关于公布国家体育消费试点城市名单的通知》（简称《通知》）。本书选取南京市、苏州市、常州市 2018 年市级政府购买公共体育服务的相关数据，评价其公共体育服务事业发展的综合水平，进而为兄弟城市发展提供参考和借鉴。本书的数据均来自国家体育总局体育经济司编制的《体育事业统计年鉴》以及各地地方体育局、人民政府预决算公开统一平台等网站。

一、江苏省地方政府购买公共体育服务的政策条件

国家体育总局和江苏省人民政府于 2014 年在江苏常州武进区全民健身中心共同签署《建设公共体育服务体系示范区合作协议》（简称《协议》）。

《协议》根据党中央、国务院关于公共服务体系建设的战略部署，以保障广大人民群众基本体育权益为出发点，以政府为主导，加大政府购买服务力度，有效扩大公共体育服务供给。通过开展合作，推进体育事业改革创新，加强城乡统筹，突出软件建设，使江苏省在全国率先建成符合当地实际的公共体育服务体系示范区，通过发挥典型的示范、影响和带动作用，为我国公共体育服务体系建设提供示范。根据《协议》要求，双方将协同

推进基本公共体育服务体系建设。国家体育总局加大对江苏公共体育设施建设、活动开展、组织构建的指导和扶持力度，帮助江苏省制定基本公共体育服务体系建设规划和服务标准，开展绩效评估，共同破解制约群众体育发展的难题，协同探索、科学谋划、统筹推进基本公共服务体系的新路径，让体育发展成果更多、更公平地惠及人民。江苏省人民政府进一步加强基本公共体育服务体系的规划设计，加快构建特色鲜明、功能完善、城乡一体化发展的基本公共体育服务体系，推进基本公共体育服务均等化。同时，国家体育总局支持江苏省积极拓展公共体育服务内涵，充分发挥政府、市场和社会的作用，构建多元化的公共体育服务供给模式。江苏省人民政府将公共体育服务和体育产业发展列入苏南现代化示范区建设范畴，将完善基本公共体育服务、创建县域国家体育产业基地纳入推进计划，将人均公共体育场地面积、国民体质监测指标纳入苏南现代化示范区监测评价指标体系。由此可见，此次合作是在双方反复沟通的基础上形成的合作工作机制。

江苏省社会和经济的发展处于全国领先地位，在体育事业和群众体育发展中有着得天独厚的基础和优势①。2017 年，江苏省印发《江苏省事业单位政府购买服务改革工作实施方案》；2018 年，江苏省陆续发布《关于进一步规范我省政府采购代理机构名录登记和从业管理的通知》等一系列政策性文件，为推动江苏省公共体育服务事业发展提供了保障（见表 7-1）。

表7-1　　　　　　　　江苏省政府购买公共体育服务的政策措施

时间	政策名称	信息来源	备注
2014 年 1 月 10 日	国家体育总局与江苏省人民政府签署《建设公共体育服务体系示范区合作协议》	江苏省体育局办公室	—

① 余海瑞. 江苏省政府部门支持市级体育社会组织发展资金使用研究 [D]. 北京：北京体育大学，2017.

续表

时间	政策名称	信息来源	备注
2014 年 7 月 8 日	《江苏省本级向社会组织购买公共体育服务暂行办法》	江苏省体育局 江苏省财政厅	购买目录有：体育组织服务（社会体育指导员培训、运动员教练裁判员培训）、体育活动服务（群众体育活动开展，青少年体育活动开展）、其他体育服务（体质测定与运动健身指导，体育公益宣传，其他体育服务）
2016 年 1 月 6 日	《进一步加强体育社会组织建设的指导意见》	省体育局 省体育总会	—
2016 年 6 月 27 日	《江苏体育发展"十三五"规划》	江苏省体育局	11 个省辖市建成体育强市；56 个县（市、区）获得体育强县称号；11 个省辖市、86 个县（市、区）建成省级公共体育服务体系示范区
2017 年 4 月 18 日	《江苏省公共体育服务体系建设规划（2016 - 2020 年)》	江苏省体育局	—

资料来源：根据江苏省体育局网站及相关调研资料整理。

2014 年，苏州市政府出台了《苏州市政府向社会购买服务实施意见》，主要界定了政府购买服务范围、供给机制和购买方式。2015 年，苏州市政府出台了《苏州市政府向社会购买服务预算绩效管理办法》，该办法严格规定了绩效管理各方面的工作职责、管理对象和方式、工作程序及评价结果运用。同年，财政局、体育局发布《市本级向社会力量购买公共体育服务管理办法（试行）》，主要指出应将一部分公共体育事务交由社会力量承担并逐步壮大社会组织和逐步形成体育生态圈。2020 年，《从管理到治理 寓管理于服务——探索推进新时代体育治理体系和治理能力现代化》提及了每年公开苏州市承办市级及以上体育赛事目录，明确提出设立体育赛事、体育产业和购买公共服务等专项资金，以鼓励和引导体育社会主体、市场主体联办业余训练项目，承接体育赛事活动，参与体育惠民消费行动，提供公共体育服务[1]（如表 7 - 2 所示）。

---

[1]　马德浩. 从管理到治理：新时代体育治理体系与治理能力现代化建设的四个主要转变［J］. 武汉体育学院学报，2018（7）：5 - 11，55.

表7-2   关于2018年度苏州市体育社会组织等级评估结果

组织名称	组织性质	评价等级
苏州市钓鱼协会	市属社会组织－社会团体	4A
张家港市老年人体育协会	市（区）社会组织－社会团体	4A
常熟市门球协会	市（区）社会组织－社会团体	4A
苏州市吴中区孙子兵法研究会	市（区）社会组织－社会团体	4A
苏州市电子竞技运动协会	市属社会组织－社会团体	3A
苏州市冬泳协会	市属社会组织－社会团体	3A
苏州市足球协会	市属社会组织－社会团体	3A
苏州市棋类协会	市属社会组织－社会团体	3A
苏州市帆船帆板运动协会	市属社会组织－社会团体	3A
苏州市相城区老年人体育协会	市（区）社会团体	3A
苏州市拳击运动协会	市属社会团体	原等级有效期到期未申报复核
苏州市轮滑运动协会	市属社会团体	原等级有效期到期未申报复核

资料来源：根据苏州市2018年度政府购买公共服务具体情况整理。

常州市政府每年将建设公共体育服务体系工作以政府目标任务书的形式下达各辖市、区，对未完成目标任务的实行"一票否决"，不得参与体育工作的各项评优评先。2013年底，常州市在全国率先出台《关于购买公共体育服务的实施办法》；2014～2016年，共对外发布81个项目，100余家企业和体育组织参与竞标，81个项目全部按期完成，现场观摩和参与的群众近50万人，共吸引社会资金超过300万元；2017年，常州市财政局发布《关于印发常州市市级政府购买服务指导目录的通知》，其中体育服务包含体育场馆服务、居民休闲健身服务和其他文化体育服务；2019年发布了《关于进一步做好促进政府采购公平竞争优化营商环境工作的通知》；2020年，常州市财政局发布了《常州市政府采购在线询价操作办法》。这一系列政策性文件的出台充分印证了常州市政府对政府购买公共服务的高度重视。

南京市政府先后出台了一系列政府购买公共服务的相关政策性文件。2012年，南京市财政局发布《关于进一步规范政府采购质疑和投诉处理工作的通知》；2014年，市政府办公厅发布《关于印发南京市推进政府购买公共服务工作实施意见的通知》；2017年发布《关于公开招标限额标准以下单一来源采购有关事项的通知》；2021年发布《关于做好疫情防控期间开展政府采购活动有关事项的通知》。由此看出，南京市政府在购买服务方面，从开始阶段的积极推进到随后的具体实施，都有相关政策的支持。南京市的社会组织众多，且体育社会组织的资历也符合市场标准，形成了"多且优"的组织形式。

二、江苏省地方政府购买公共体育服务的体育基础条件

（一）苏州市政府购买公共体育服务的体育基础条件

根据高水平全面建成小康社会的总体部署和建设健康苏州的目标要求，苏州市以"增强人民体质、提升城市品质"为根本任务，创建全民运动健身模范市，推动苏州体育高质量发展。苏州市在保持经济平稳健康发展的同时，坚持把发展体育事业作为提升城市软实力的重要抓手，秉持"增强人民体质、提升城市品质"的理念，加快推进国际体育文化名城建设，初步建立了功能明确、网络健全、城乡一体、惠及全民的公共体育服务体系，每年组织各类全民健身活动5000余场，人均体育场地面积达4.3平方米。为加快体育行政部门职能转变，改革和创新公共体育服务供给机制，提高服务质量，不断满足人民群众的公共体育服务需求，2017年政府购买公共体育服务项目强调了政府购买公共体育服务必须按照购买主体多元化、购买流程规范化的原则，指出购买工作始终要坚持政府、社会、市场共同参与，依托政府资源优势，发挥市场作用，规范资金使用，通过购买服务不断激发社会组织活力，提升公共体育服务质量。通过分析苏州市公共体育服务发展实践可以发现，承办政府购买公共体育服务项目需要一定的资质，需达到国家认定的3A标准的社会组织才有资格申报政府购买项目，苏州市2018年的评价结果如表7-2所示。由于购买流程中的条例规定，购买金额低于15万元的项目，采用单位组织自主采购制度，在苏州市政府购买公共体育服务中，直接资助制形式较为普遍，如全民健身系列大课堂以资金资助形式直接交由全民健身中心完成，直接资助制度大部分均以经费资金投入为主，少部分俱乐部未达到宣传效果，结合消费券、体验卡等形式进行资助[①]。苏州市政府购买公共体育服务基本属于项目申请制度，未形成向社会公开的招标形式，但

---

① 赵扬楠. 承接政府购买公共体育服务项目的运行流程研究［D］. 苏州：苏州大学，2018.

又有对应的第三方审核机制。

（二） 常州市政府购买公共体育服务的体育基础条件

常州市是一座具有 3200 多年历史的江南历史古城。近年来，常州市围绕"优质、均衡、普惠"目标，举全市之力，加快建设"设施更普及、组织更健全、活动更丰富、服务更优质、群众更满意"的公共体育服务体系，全面提升公共体育服务水平，体育成了这座城市的活力来源，也成为这座城市最具魅力的一面。

常州市持续推进体育设施"31166 工程"，建设提升 3 个市级体育中心、11 个区级全民健身中心和 66 个镇（街道）级全民健身活动中心，2018 年底人均体育场地面积达到 2.99 平方米。常州市体育产业集团积极推进改革，常州市体育健康产业园、常州动源体育产业园服务内涵不断丰富，常奥体育、钱璟康复、华联保健敷料等企业不断做大做强。

国家体育总局和江苏省政府在常州签署《建设公共体育服务体系示范区合作协议》，以"常州模式"为蓝本，共同推动江苏省建设全国首个公共体育服务体系示范区，为我国公共体育服务体系建设探索有益经验。政府推动形成合力，秉承"体育即民生"的理念，将建设公共体育服务体系融入全市经济社会发展大局，构建政府主导、部门协同、社会参与、全民共享的大格局，破解公共体育服务体系建设的难点问题，是常州建设公共体育服务体系示范区的核心理念。政府购买激活了沉闷已久的体育市场。市舞龙舞狮协会负责人指出政府购买公共体育服务无疑是一场及时雨。2015 年，全市体育社会组织数量近 1200 家，万人拥有量达 2.4 家；其中 5A 级体育社团有 3 家，4A 级 7 家，3A 级 10 家。全市 58 个乡镇（街道）全部实现体育总会、老年人体育协会、社会体育指导员协会和 2 个以上体育单项协会的"3 + 2"模式全覆盖；每年体育社会组织举办活动超过 500 项，推动全市经常性参加体育锻炼的市民比例近 40%[①]。常州市政府在购买公共体育服务中，竞争性磋商的购买方式较为普遍，每年成交的服务项目数量均在 30 家左右，社会组织氛围良好。政府购买公共体育服务项目评审工作完全采用政府采购方式进行，

---

① 常州有序推进政府购买公共体育服务 惠了群众 活了组织 火了市场 [EB/OL]. https：//www. sport. gov. cn/n14471/n14481/n14518/c698315/content. html.

并以第三方绩效考核作为衡量政府购买服务成效的客观依据，进一步完善相关标准，建立动态调整机制。

（三）南京市政府购买公共体育服务的体育基础条件

南京市是我国东部地区重要的中心城市和长三角辐射带动中西部地区发展的重要门户城市，经济活力和市民消费能力较强。近年来，南京市体育设施建设投入不断加大，建设有国家级体育产业示范基地 2 家、示范单位 2 家、示范项目 2 个和省级体育服务综合体 7 家，体育产业法人和活动单位 7994 家，规上企业 355 家①。南京市政府在购买公共体育服务方面一直走在全国前列。南京市政府作为公共体育服务的购买方，通过合同外包、公开招标等方式确定承接主体，在合同外包过程中做到最大限度公开透明，确保承接主体质量和能力，有利于公共体育服务的贯彻执行，做到真正的便民利民。

第二节　江苏省地方政府购买公共体育服务绩效评价基准值的确定

全面地对地方政府购买公共体育服务进行绩效评价，一方面是为了了解地方政府购买公共体育服务的现状，另一方面是为了将地方政府购买公共体育服务水平与兄弟城市进行比较，从而充分把握自身的优势以及不足，因此基准值的设置至关重要。本书设置基准值的方法如下：一是对于那些与国内外权威评价体系指标相同的指标，若权威体系规定了标准值，则尽量采用权威体系的标准值；二是若评价指标不存在国内外公认或法定的标准值，作者将参考国内领先地方政府购买公共体育的现状值或对相关文献论据进行适当统计测算，以确定标准值②。通过运用以上方法，地方政府购买公共体育服务绩效评价标准值确定见表 7-3。

---

① 入选首批国家体育消费试点城市——南京体育产业发展迎来新契机 [EB/OL]. https://www.sohu.com/a/420852083_828950.
② 王明. 基于发展能力模糊评价的知识型城市发展路径研究 [D]. 合肥：中国科学技术大学, 2013.

表 7 – 3   地方政府购买公共体育服务绩效评价基准值确定

一级指标	二级指标	三级指标	单位	基准值
购买主体（政府）	资源投入	地方政府购买公共体育服务支出占地方财政总支出的比重	%	百分比
		地方政府购买公共体育服务支出的年增长率	%	百分比
		群众体育投入资金的年增长率	%	百分比
		每万元政府购买公共体育服务支出的受益人数量占比	%	百分比
		辖区内全体公众人均政府购买公共体育服务支出占比	%	百分比
	政府监管	前期需求调研	数值	1
		遴选承接机构评价能力	数值	1
		管理制度的健全程度	数值	1
		监督机制的完善程度	数值	1
		购买方式选择的合理性	数值	1
		合同签订和执行程度	数值	1
		地方政府对社会组织的监管（体育类的社会团体、民办非企业、基金会）	数值	1
承接主体	总体能力	项目承接方的社会信誉度	数值	1
		服务项目完成率	%	100
		以往承接项目绩效评价结果（x̄）	%	100
		资金使用规范性合理性	数值	1
		无安全责任事故发生	数值	1
	服务效果	项目完成情况	数值	1
		地方政府部门对服务工作的认可度	%	100
		项目服务成效达标率	%	100
服务对象	社会影响	居民参与率	%	100
		实际服务人数占比	%	100
	满意度	对政府项目管理工作满意度	%	100
		对服务效果的满意度	%	100
		对服务方式的满意度	%	100
		对服务项目频率的满意度	%	100

本书所获取的实际数据涉及不同的领域，各项指标的性质有所不同，原始数据的计量单位也存在不统一的现象，无法直接进行模糊综合评价，因此需要先对获取到的相关数据进行无量纲化处理，以便后续评价活动的顺利展开。无量纲化是通过数学变换使不同规格的数据转换到同一规格，从而消除各指标量纲影响的方法，目前成熟且运用最为广泛的无量纲化方法归结起来主要有三种，即直线型无量纲化、折线型无量纲化和曲线型无量纲化[①]。本书遵循简易性和有效性的原则，选取直线型无量纲化公式对相关数据进行处理，通过实际数据与基准值进行比较，换算成百分制的指标评分，任何指标的数据若优于标准值则一律按 100 分处理。具体计算方法如式（7-1）所示（正指标-数值越大越优）。

$$Fdj = fdj/Gdj \times 100 \qquad (7-1)$$

其中：Fdj 为指标分值；fdj 为指标实际数值；Gdj 为指标基准值。根据选取的直线型无量纲化公式进行数据处理，通过原始数据与基准值进行比较并换算成百分制的指标评分（见表 7-4 至表 7-6）。

表 7-4　　　　　　　　一级指标-购买主体（政府）

指标名称	分值计算
资源投入	$F_{c1} = \left\{ \frac{f_{d1}}{G_{d1}} + \frac{f_{d2}}{G_{d2}} + \frac{f_{d3}}{G_{d3}} + \frac{f_{d4}}{G_{d4}} + \frac{f_{d5}}{G_{d5}} \right\} / 5 \times 100$
政府监管	$F_{c2} = \left\{ \frac{f_{d6}}{G_{d6}} + \frac{f_{d7}}{G_{d7}} + \frac{f_{d8}}{G_{d8}} + \frac{f_{d9}}{G_{d9}} + \frac{f_{d10}}{G_{d10}} + \frac{f_{d11}}{G_{d11}} + \frac{f_{d12}}{G_{d12}} \right\} / 7 \times 100$

表 7-5　　　　　　　　一级指标-承接主体

指标名称	分值计算
总体能力	$F_{c3} = \left\{ \frac{f_{d13}}{G_{d13}} + \frac{f_{d14}}{G_{d14}} + \frac{f_{d15}}{G_{d15}} + \frac{f_{d16}}{G_{d16}} + \frac{f_{d17}}{G_{d17}} \right\} / 5 \times 100$
服务效果	$F_{c4} = \left\{ \frac{f_{d18}}{G_{d18}} + \frac{f_{d19}}{G_{d19}} + \frac{f_{d20}}{G_{d20}} \right\} / 3 \times 100$

---

① 施生旭，郑逸芳．海峡西岸经济区文化产业竞争力评价模型研究［C］．中国商业经济学会，湖北省商业经济学会．第六届中国中部地区商业经济论坛论文集，2012：302-308.

表7-6 一级指标-服务对象

指标名称	分值计算
社会影响	$$F_{c5} = \left\{\frac{f_{d21}}{G_{d21}} + \frac{f_{d22}}{G_{d22}}\right\} \Big/ 2 \times 100$$
满意度	$$F_{c6} = \left\{\frac{f_{d23}}{G_{d23}} + \frac{f_{d24}}{G_{d24}} + \frac{f_{d25}}{G_{d25}} + \frac{f_{d26}}{G_{d26}}\right\} \Big/ 4 \times 100$$

第三节 江苏省地方政府购买公共 体育服务绩效评价分析

一、研究目的

本书选取苏州市、南京市和常州市三个体育消费试点城市作为对象，通过实证分析法分析了当前地方政府购买公共体育服务的整体水平，并探究地方政府购买公共体育服务过程中需要改进的具体问题，以全面掌握制约地方政府购买公共体育服务的影响因素，为地方政府购买公共体育服务发展提供有针对性的建议。

二、模糊层次分析（F-AHP）

（一）建立评价因素级

根据模糊综合评价流程建立政府购买公共体育服务评价因素如下所示：$U = \{A_1、A_2、A_3\} = \{$购买主体、承接主体、服务对象$\}$，$U_{A1} = \{B1、B2\} = \{$资源投入、政府监管$\}$，$U_{A2} = \{B3、B4\} = \{$总体能力、服务效果$\}$，$U_{A3} = \{B5、B6\} = \{$社会影响、满意度$\}$；

$U_{b1} = \{C_1. C_2. C_3. C_4. C_5\} = \{$地方政府购买公共体育服务支出占地方财政总支出的比重（％）、地方政府购买公共体育服务支出的年增长率（％）、群众体育投入资金的年增长率（%）、每万元政府购买公共体育服务支出的受益人数量（人/万元）、辖区内全体公众人均政府购买公共体育服务支出（万元/人）｝；

U_{b2} = ｛C_6. C_7. C_8. C_9. C_{10}. C_{11}. C_{12}｝=｛前期需求调研（是/否）、遴选承接机构评价能力（是/否）、管理制度的健全程度、监督机制的完善程度、购买方式选择的合理性（是/否）、合同签订和执行程度（是/否）、地方政府对社会组织的监管（体育类的社会团体、民办非企业、基金会）｝；

U_{b3} = ｛C_{13}. C_{14}. C_{15}. C_{16}. C_{17}｝=｛项目承接方的社会信誉度、服务项目完成率（%）、以往承接项目绩效评价结果、资金使用规范性合理性（是/否）、无安全责任事故发生（是/否）｝；

U_{b4} = ｛C_{18}. C_{19}. C_{20}｝=｛项目完成情况（是/否）、地方政府部门对服务工作的认可度、项目服务成效达标率（%）｝；

U_{b5} = ｛C_{21}. C_{22}｝=｛居民参与率（%）、实际受众人数占比（人）｝；

U_{b6} = ｛C_{23}. C_{24}. C_{25}. C_{26}｝=｛对政府项目管理工作的满意度、对服务效果的满意度、对服务方式的满意度、对服务项目频率的满意度｝。

（二）建立评语集

V = ｛20. 40. 60. 80. 100｝=（极差，较差，一般，良好，优秀）

（三）单因子的模糊评价

隶属度是指反映评判对象具有某种属性的客观函数，对于模糊隶属度的确定存在着多种方法，本书依据可靠数据设置了评价基准值，可以将各指标赋予定量化的分值，因此选取三角形隶属函数进行隶属度的计算。三角形隶属函数的公式如式（7-2）所示。

$$f(x,\ a,\ b,\ c)=\begin{cases}0 & x\leqslant a\\ \dfrac{x-a}{b-a} & a\leqslant x\leqslant b\\ \dfrac{c-x}{c-b} & b\leqslant x\leqslant c\\ 0 & x\geqslant c\end{cases},\ trimf(x[a,\ b,\ c]) \qquad (7-2)$$

计算所得的隶属度在［0，1］之间。例如某指标 x = 26，介于评语集 20~40，即极差和较差之间，则该指标对于"极差"的隶属度为 $\dfrac{40-26}{40-20}$ =

$\frac{14}{20}=0.7$；对于"较差"的隶属度为$\frac{26-20}{40-20}=\frac{6}{20}=0.3$。通过运算得到隶属度矩阵如下所示，分别记为 R1（指标 B1 – B2 的隶属度矩阵）、R2（指标 B3 – B4 的隶属度矩阵）、R3（指标 B5 – B6 的隶属度矩阵）。在此基础上结合权重计算单因子的模糊评价结果见表 7 –7 至表 7 –9。

三、苏州市政府购买公共体育服务绩效模糊评价结果

苏州市政府购买公共体育服务绩效（二级指标下属模糊综合分析）评价具体见表 7 –7 至表 7 –9。

（一）二级指标下属指标模糊综合评价分析

1. 购买主体（政府）的模糊综合分析

表 7 –7　　　　　　　　购买主体 A1 下属指标模糊隶属度

一级指标	二级指标	分值	评价等级				
			极差	较差	一般	良好	优秀
购买主体	资源投入	61.54	0	0	0.9230	0.0770	0
	政府监管	85.71	0	0	0	0.7145	0.2855

$$R_{A1} = \begin{Bmatrix} 0 & 0 & 0.9230 & 0.0770 & 0 \\ 0 & 0 & 0 & 0.7145 & 0.2855 \end{Bmatrix}$$

因为 $W_{A1}=(0.1677 \quad 0.0415)$，所以购买主体下属评价因子 B1 – B2 的模糊评价结果为：

$$Z_{A1} = R_{A1} \times W_{A1}$$

$$= (0.1677 \quad 0.0415) \times \begin{Bmatrix} 0 & 0 & 0.9230 & 0.0770 & 0 \\ 0 & 0 & 0 & 0.7145 & 0.2855 \end{Bmatrix}$$

$$= \{0 \quad 0 \quad 0.1548 \quad 0.0426 \quad 0.0118\}$$

2. 承接主体的模糊综合分析

表 7 - 8　　　　　　　　承接主体 A2 下属指标模糊隶属度

一级指标	二级指标	分值	评价等级				
			极差	较差	一般	良好	优秀
承接主体	总体能力	94.55	0	0	0	0.2725	0.7275
	服务效果	97.22	0	0	0	0.1390	0.8610

$$R_{A2} = \begin{Bmatrix} 0 & 0 & 0 & 0.2725 & 0.7275 \\ 0 & 0 & 0 & 0.1390 & 0.8610 \end{Bmatrix}$$

因为 $W_{A2} = (0.0456 \quad 0.1941)$，所以承接机构下属评价因子 B1 – B2 的模糊评价结果为：

$$Z_{A2} = R_{A2} \times W_{A2}$$

$$= (0.0456 \quad 0.1941) \times \begin{Bmatrix} 0 & 0 & 0 & 0.2725 & 0.7275 \\ 0 & 0 & 0 & 0.1390 & 0.8610 \end{Bmatrix}$$

$$= \{0 \quad 0 \quad 0 \quad 0.0394 \quad 0.2003\}$$

3. 服务对象的模糊综合分析

表 7 - 9　　　　　　　　服务对象 A3 下属指标模糊隶属度

一级指标	二级指标	分值	评价等级				
			极差	较差	一般	良好	优秀
服务对象	社会影响	56.04	0	0.1980	0.8020	0	0
	满意度	95.00	0	0	0	0.2500	0.7500

$$R_{A3} = \begin{Bmatrix} 0 & 0.1980 & 0.8020 & 0 & 0 \\ 0 & 0 & 0 & 0.2500 & 0.7500 \end{Bmatrix}$$

因为 $W_{A3} = (0.1139 \quad 0.4371)$，所以服务对象下属评价因子 B1 – B2 的模糊评价结果为：

$$Z_{A3} = R_{A3} \times W_{A3}$$

$$= (0.1139 \quad 0.4371) \times \begin{Bmatrix} 0 & 0.1980 & 0.8020 & 0 & 0 \\ 0 & 0 & 0 & 0.2500 & 0.7500 \end{Bmatrix}$$

$$= \{0 \quad 0.0226 \quad 0.0913 \quad 0.1093 \quad 0.3278\}$$

（二）模糊综合评价

通过对政府购买公共体育服务绩效评价指标体系的主要因子层进行模糊评价，求得三个一级指标购买主体、承接机构、服务对象的模糊评价向量 $Z_{A1} - Z_{A3}$：

$$Z_{A1} = \{0 \quad 0 \quad 0.1548 \quad 0.0426 \quad 0.0118\}$$

$$Z_{A2} = \{0 \quad 0 \quad 0 \quad 0.0394 \quad 0.2003\}$$

$$Z_{A3} = \{0 \quad 0.0226 \quad 0.0913 \quad 0.1093 \quad 0.3278\}$$

由此构成上一级模糊矩阵：

$$Z_A = \begin{Bmatrix} 0 & 0 & 0.1548 & 0.0426 & 0.0118 \\ 0 & 0 & 0 & 0.0394 & 0.2003 \\ 0 & 0.0226 & 0.0913 & 0.1093 & 0.3278 \end{Bmatrix}$$

三个一级指标的权重集为：

$$W_A = (0.2092 \quad 0.2398 \quad 0.5510)$$

通过运算得到政府购买公共体育服务绩效模糊综合评价结果为：

$$K_A = (0.2092 \quad 0.2398 \quad 0.5510) \times \begin{Bmatrix} 0 & 0 & 0.1548 & 0.0426 & 0.0118 \\ 0 & 0 & 0 & 0.0394 & 0.2003 \\ 0 & 0.0226 & 0.0913 & 0.1093 & 0.3278 \end{Bmatrix}$$

$$= \{0 \quad 0.0125 \quad 0.0827 \quad 0.0786 \quad 0.2311\}$$

四、常州市政府购买公共体育服务绩效模糊评价结果

（一）二级指标下属指标模糊综合评价分析

常州市政府购买公共体育服务绩效（二级指标下属模糊综合分析）评价的具体情况见表 7 - 10 至表 7 - 12。

1. 购买主体（政府）的模糊综合分析

表 7 – 10　　　　　　　　　购买主体 A1 下属指标模糊隶属度

一级指标	二级指标	分值	评价等级				
			极差	较差	一般	良好	优秀
购买主体	资源投入	50.22	0	0.4890	0.5110	0	0
	政府监管	85.71	0	0	0	0.7145	0.2855

购买主体下属评价因子 B1 – B2 的模糊评价结果为：

$$Z_{A1} = R_{A1} \times W_{A1}$$

$$= (0.1677 \quad 0.0415) \times \begin{Bmatrix} 0 & 0.4890 & 0.511 & 0 & 0 \\ 0 & 0 & 0 & 0.7145 & 0.2855 \end{Bmatrix}$$

$$= \{0 \quad 0.0820 \quad 0.0857 \quad 0.1198 \quad 0.0479\}$$

2. 承接主体的模糊综合分析

表 7 – 11　　　　　　　　　承接主体 A2 下属指标模糊隶属度

一级指标	二级指标	分值	评价等级				
			极差	较差	一般	良好	优秀
承接主体	总体能力	94.29	0	0	0	0.2857	0.7143
	服务效果	87.40	0	0	0	0.6300	0.3700

承接机构下属评价因子 B1 – B2 的模糊评价结果为：

$$Z_{A2} = R_{A2} \times W_{A2}$$

$$= (0.0456 \quad 0.1941) \times \begin{Bmatrix} 0 & 0 & 0 & 0.2857 & 0.7143 \\ 0 & 0 & 0 & 0.6300 & 0.3700 \end{Bmatrix}$$

$$= \{0 \quad 0 \quad 0 \quad 0.0417 \quad 0.2104\}$$

3. 服务对象的模糊综合分析

表 7 - 12   服务对象 A3 下属指标模糊隶属度

一级指标	二级指标	分值	评价等级				
			极差	较差	一般	良好	优秀
服务对象	社会影响	71.4	0	0	0.4300	0.5700	0
	满意度	80.00	0	0	0	1	0

服务对象下属评价因子 B1 - B2 的模糊评价结果为：

$$Z_{A3} = R_{A3} \times W_{A3}$$

$$= (0.1139 \quad 0.4371) \times \begin{Bmatrix} 0 & 0 & 0.4300 & 0.5700 & 0 \\ 0 & 0 & 0 & 1 & 0 \end{Bmatrix}$$

$$= \{0 \quad 0 \quad 0.0489 \quad 0.4957 \quad 0\}$$

（二）模糊综合评价

通过对地方政府购买公共体育服务绩效评价指标体系的主要因子层进行模糊评价，得出三个一级指标购买主体、承接机构、服务对象的模糊评价向量 $Z_{A1} - Z_{A3}$：

$$Z_{A1} = \{0 \quad 0.0820 \quad 0.0857 \quad 0.1198 \quad 0.0479\}$$

$$Z_{A2} = \{0 \quad 0 \quad 0 \quad 0.0417 \quad 0.2104\}$$

$$Z_{A3} = \{0 \quad 0 \quad 0.0489 \quad 0.4957 \quad 0\}$$

三个一级指标的权重集为：

$$W_A = (0.2092 \quad 0.2398 \quad 0.5510)$$

通过计算得到地方政府购买公共体育服务绩效模糊综合评价结果为：

$$K_A = (0.2092 \quad 0.2398 \quad 0.5510) \times \begin{Bmatrix} 0 & 0.0820 & 0.0875 & 0.1198 & 0.0479 \\ 0 & 0 & 0 & 0.0417 & 0.2104 \\ 0 & 0 & 0.0489 & 0.4959 & 0 \end{Bmatrix}$$

$$= \{0 \quad 0.0172 \quad 0.0123 \quad 0.3083 \quad 0.0605\}$$

五、南京市政府购买公共体育服务绩效模糊评价结果

南京市政府购买公共体育服务绩效（二级指标下属模糊综合分析）评价

的具体情况见表 7 – 13 至表 7 – 15。

（一）二级指标下属指标模糊综合评价分析

1. 购买主体（政府）的模糊综合分析

表 7 – 13　　　　　　　　购买主体 A1 下属指标模糊隶属度

一级指标	二级指标	分值	评价等级				
			极差	较差	一般	良好	优秀
购买主体	资源投入	26.74	0.6630	0.3370	0	0	0
	政府监管	85.71	0	0	0	0.2855	0.7145

购买主体下属评价因子 B1 – B2 的模糊评价结果为：

$$Z_{A1} = R_{A1} \times W_{A1}$$

$$= (0.1677 \quad 0.0415) \times \left\{ \begin{matrix} 0.6630 & 0.3370 & 0 & 0 & 0 \\ 0 & 0 & 0 & 0.2855 & 0.7145 \end{matrix} \right\}$$

$$= \{0.1107 \quad 0.0056 \quad 0 \quad 0.0118 \quad 0.0289\}$$

2. 承接主体的模糊综合分析

表 7 – 14　　　　　　　　承接主体 A2 下属指标模糊隶属度

一级指标	二级指标	分值	评价等级				
			极差	较差	一般	良好	优秀
承接主体	总体能力	98.32	0	0	0	0.9160	0.0840
	服务效果	100.00	0	0	0	0	1

承接机构下属评价因子 B1 – B2 的模糊评价结果为：

$$Z_{A2} = R_{A2} \times W_{A2}$$

$$= (0.0456 \quad 0.1941) \times \left\{ \begin{matrix} 0 & 0 & 0 & 0.9160 & 0.0840 \\ 0 & 0 & 0 & 0 & 1 \end{matrix} \right\}$$

$$= \{0 \quad 0 \quad 0 \quad 0.0418 \quad 0.1979\}$$

3. 服务对象的模糊综合分析

表 7 – 15   服务对象 A3 下属指标模糊隶属度

一级指标	二级指标	分值	评价等级				
			极差	较差	一般	良好	优秀
服务对象	社会影响	79.00	0	0	0.0500	0.9500	0
	满意度	80.00	0	0	0	1	0

服务对象下属评价因子 B1 – B2 的模糊评价结果为：

$$Z_{A3} = R_{A3} \times W_{A3}$$

$$= (0.1139 \quad 0.4371) \times \begin{Bmatrix} 0 & 0 & 0.0500 & 0.9500 & 0 \\ 0 & 0 & 0 & 1 & 0 \end{Bmatrix}$$

$$= \{0 \quad 0 \quad 0.0057 \quad 0.5451 \quad 0\}$$

（二）模糊综合评价

通过对地方政府购买公共体育服务绩效评价指标体系的主要因子层进行模糊评价，求得三个一级指标购买主体、承接机构、服务对象的模糊评价向量Z_{A1} – Z_{A3}：

$$Z_{A1} = \{0.1107 \quad 0.0056 \quad 0 \quad 0.0118 \quad 0.0289\}$$

$$Z_{A2} = \{0 \quad 0 \quad 0 \quad 0.0418 \quad 0.1979\}$$

$$Z_{A3} = \{0 \quad 0 \quad 0.0057 \quad 0.5451 \quad 0\}$$

三个一级指标的权重集为：

$$W_A = (0.2092 \quad 0.2398 \quad 0.5510)$$

通过运算得到地方政府购买公共体育服务绩效模糊综合评价结果为：

$$K_A = (0.2092 \quad 0.2398 \quad 0.5510) \times \begin{Bmatrix} 0.1107 & 0.0056 & 0 & 0.0118 & 0.0289 \\ 0 & 0 & 0 & 0.0418 & 0.1979 \\ 0 & 0 & 0.0057 & 0.5451 & 0 \end{Bmatrix}$$

$$= \{0.0231 \quad 0.0012 \quad 0.0032 \quad 0.3128 \quad 0.0535\}$$

六、分析与讨论

根据隶属度最大原则可以得出，2018 年苏州市政府购买公共体育服务绩效水平总体为"优秀"。从隶属度（K_A）来看，苏州市政府购买公共体育服务"极差"的隶属度（K_A）为 0，"较差"的隶属度（K_A）为 0.0125，"一般"的隶属度（K_A）为 0.0827，"良好"的隶属度（K_A）为 0.0786，"优秀"的隶属度（K_A）为 0.2311。2018 年常州市政府购买公共体育服务绩效水平总体"良好"，其中"极差"的隶属度（K_A）为 0，"较差"的隶属度（K_A）为 0.0172，"一般"的隶属度（K_A）为 0.0123，"良好"的隶属度（K_A）为 0.3083，"优秀"的隶属度为 0.0605（见图 7 - 1）。2018 年南京市政府购买公共体育服务总体水平为"良好"，其中"极差"的隶属度（K_A）为 0.0231，"较差"的隶属度（K_A）为 0.0012，"一般"的隶属度（K_A）为"0.0032"，"良好"的隶属度（K_A）为 0.3128，"优秀"的隶属度（K_A）为 0.0535（如图 7 - 1 所示）。

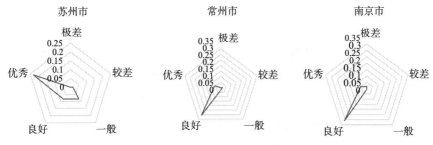

图 7 - 1　目标层绩效评价结果

从影响绩效综合评价结果的三个主要维度来看，2018 年苏州市政府购买公共体育服务的购买主体 A1 维度的评价绩效为"一般"，承接主体 A2 维度的绩效为"优秀"，服务对象 A3 维度的绩效为"优秀"；2018 年常州市政府购买公共体育服务的购买主体 A1 维度的评价绩效为"良好"，承接主体 A2 维度的绩效为"优秀"，服务对象 A3 维度的评价绩效为"良好"；2018 年南京市政府购买公共体育服务的购买主体 A1 维度的评价绩效为"极差"，承接主体 A2 维度的绩效为"优秀"，服务对象 A3 维度的评价绩效为"良好"（如图 7 - 2 所示）。

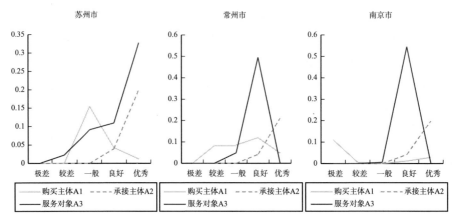

图 7-2　准则层绩效评价结果

注："系列 1"代表购买主体 A1 维度；"系列 2"代表承接主体 A2 维度；"系列 3"代表服务对象 A3 维度。

其中，苏州市政府购买公共体育服务中 A1 的水平绩效评价结果为"一般"，是三大维度当中相对较差的一方面，这是因为地方政府对公共体育服务的投入相对其他方面的投入相对较小；常州市政府购买公共体育服务中 A1 的水平绩效为"良好"，主要是由于常州市是国内开展政府购买公共体育服务工作较早的一批城市之一，且发展也较为成熟，政府对于公共体育服务的投入较多，推广范围广，参与人数也相对较多；2018 年南京市政府购买公共体育服务中 A1 的水平绩效为"极差"，但并不代表南京市购买主体的水平低下，这主要是因为 2018 年政府在购买公共体育服务中投入的资金有一定程度的缩减，投入呈现负增长特征，且投入占比也很小。

在苏州市评价结果中显示公共体育服务的购买主体绩效为"一般"（见图 7-2），这说明地方政府方面购买公共体育服务的绩效还存在一系列问题待解决。从购买主体的两个下属指标的隶属度来看，资源投入的绩效为"一般"（分值 x=61.54），且其隶属度高达 0.9230，应该加强资金使用的效率，加大资源投入；地方政府监管方面的绩效为"良好"（分值 x=85.71）（见图 7-3 和表 7-7）。在资源投入方面，因为公共服务涉及生活的方方面面，而体育仅是其中一小部分，虽然占比相对较小，但是分析收集的相关数据后可以发现，投入的年增长率为正，虽然增长幅度较小，但是呈连续的增长趋势。而且不管是从江苏省层面还是苏州市层面都有较为完善的政策规定，从涉及购买的内容、方式到对体育社会组织的培育和监督都有相关细则。承接主体的绩效评价结果是"优秀"，说明苏州市政府对体育社会组织力量的培育十分重视，颁布的多项政策中均涉及体育社会组织的培育和扶持（见图 7 - 2）。从单个下属指标来看，总体能力的水平为"优秀"（分值 x = 94.55），其隶属度为 0.7275，服务效果的绩效也为"优秀"（分值 x = 97.22），其隶属度为 0.8610（见图 7 - 3 和表 7 - 8）。服务对象水平的绩效是"优秀"（见图 7 - 2）。从单个二级指标来看，社会影响这一指标的绩效"一般"（分值 x = 56.04），但其隶属度却高达 0.8020，这也从侧面反映出虽然受到社会影响但并没有处在较差的发展水平上，但是仍然需要加强或鼓励居民多参加社会体育活动，也鼓励和扶持社会力量多举行相关活动或服务（见图 7 - 3 和表 7 - 9）。居民的参与率与活动或服务的举办次数、持续时长和覆盖人群范围有很大的联系。满意度的绩效水平为"优秀"，说明公众对于已举办的活动或服务的质量保持着较为满意的态度。

　　在常州市评价结果中显示公共体育服务的购买主体绩效为"一般"，这说明政府购买公共体育服务的绩效还存在一系列问题待解决（见图 7 - 2）。从购买主体的两个下属指标的隶属度来看，资源投入的绩效为"一般"（分值 x = 50.22），且其隶属度高达 0.5110，应该加强资源投入（见图 7 - 3 和表 7 - 7）；地方政府监管方面的绩效为"良好"（分值 x = 85.71），其隶属度为 0.7145。在资源投入方面，公共体育服务关乎民生，需要政府的高度重视。

　　承接主体的绩效评价结果是"优秀"（见图 7 - 4），说明常州市政府对体育社会组织力量的培育十分重视，颁布的多项政策均涉及体育社会组织的培育和扶持（见图 7 - 2）。从单个下属指标来看，总体能力的水平为"优秀"（分值 x = 94.29），其隶属度为 0.7143，服务效果的绩效也为"良好"（分值 x = 87.4），其隶属度为 0.6300（见图 7 - 3 和表 7 - 8）。

　　服务对象水平的绩效是"良好"（见图 7 - 5）。从单个二级指标来看

（见图 7 - 3 和表 7 - 9），社会影响这一指标的绩效为"良好"（分值 x = 71.4），其隶属度为 0.5700，但是仍然需要加强或鼓励居民多参加社会体育活动，也鼓励和扶持社会力量多举行相关活动或服务，以提高居民参与率。居民的参与率和活动或服务的举办次数、持续时长和覆盖范围有很大的联系。满意度的绩效水平为"良好"（分值 x = 80），说明公众对于已举办的活动或服务的质量和水平较为认可和满意。

在南京市评价结果中显示公共体育服务的购买主体绩效为"极差"，这说明地方政府购买公共体育服务的绩效还存在一系列比较严重的问题待解决（见图 7 - 2）。从购买主体的两个下属指标的隶属度来看，资源投入的绩效为"极差"（分值 x = 26.74），且其隶属度高达 0.6630，应该加强资金使用的效率，加大资源投入；地方政府监管方面的绩效为"优秀"（分值 x = 85.71）。在资源投入方面，需要加大公共体育服务投入力度，进一步优化资金使用效率（见图 7 - 3 和表 7 - 7）。

承接主体的绩效评价结果是"优秀"（见图 7 - 4），说明南京市政府对体育社会组织力量的培育十分重视，颁布的多项政策均涉及体育社会组织的培育和扶持（见图 7 - 2）。从单个下属指标来看，总体能力为"良好"（分值 x = 81.68），其隶属度为 0.9160，服务效果的绩效也为"优秀"（分值 x = 100），其隶属度为 1（见图 7 - 3 和表 7 - 8）。

服务对象水平的绩效是"良好"（见图 7 - 5）。从单个二级指标来看，社会影响这一指标的绩效为"良好"（分值 x = 79），但其隶属度高达 0.9500，这也反映了社会影响处在良好的发展水平上，但是仍然需要加强或鼓励居民多参加社会体育活动，也鼓励和扶持社会力量多举行相关活动或服务，旨在提高居民参与率（见图 7 - 3 和表 7 - 9）。居民的参与率和活动或服务的举办次数、持续时长和覆盖范围有很大的联系。满意度的绩效水平为"良好"，说明公众对于已举办的活动或服务的质量和水平都比较满意。

（一）购买主体（政府）

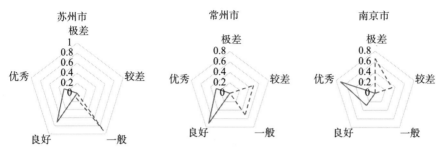

图7-3　购买主体的两个下属指标绩效评价结果

（二）承接主体

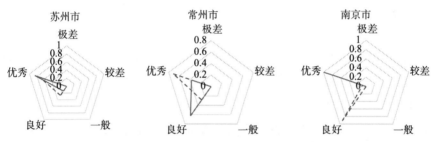

图7-4　承接主体的两个下属指标绩效评价结果

（三）服务对象

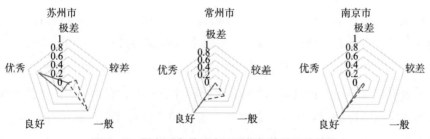

图7-5　服务对象的两个下属指标绩效评价结果

根据上述分析可得出苏州市、常州市、南京市三个城市的绩效指标水平，具体情况见表7-16。

表7-16　　　　苏州市、常州市和南京市公共体育服务水平绩效

城市	水平绩效	
	A1/A2/A3	B1B2/B3B4/B5B6
苏州市	一般	一般/良好
	优秀	优秀/优秀
	优秀	一般/优秀
常州市	一般	一般/良好
	优秀	优秀/良好
	良好	良好/良好
南京市	极差	极差/优秀
	优秀	良好/优秀
	良好	良好/良好

在苏州市政府购买公共体育服务水平绩效评价中，从单项评价指标角度分析：在购买主体评价方面，地方政府监管指标评价较高，资源投入指标评价较低；在承接主体评价方面，服务效果指标评价相对较高，总体能力指标评价相对较低；在服务对象评价方面，满意度指标评价较高，社会影响评价较低。从综合评价指标角度分析：服务效果指标评价最高，总体能力指标评价次之，资源投入相对最低。

在常州市的评价中，从单项评价指标角度分析：在购买主体评价方面，地方政府监管指标评价较高，资源投入指标评价较低；在承接主体评价方面，总体能力指标评价相对较高，服务效果指标评价相对较低。从综合评价指标角度分析：总体能力指标评价最高，资源投入相对最低。

在南京市的评价中，从单项评价指标角度分析：在购买主体评价方面，地方政府监管指标评价较高，资源投入指标评价较低；在承接主体评价方面，服务效果指标评价相对较高，总体能力指标评价相对较低。从综合评价指标角度分析：服务效果指标评价最高，政府监管指标评价次之，资源投入最低。

从总体上来看，各地政府在公共体育服务领域都呈现出资金投入较少、占比较低的特征，有一部分地方政府甚至呈现出投入负增长的趋势。但是，各地在其他方面都处于良好及以上水平，这充分表明地方政府、社会和个人

三方面都对购买公共体育服务比较重视或关注。通过分析得出，苏州市的相对优势在于承接组织服务效果、总体能力和满意度这三个方面，所以总体绩效水平为优秀等级；常州市的相对优势在于承接主体的总体能力较好，得益于社会组织环境较为成熟，每年都有大量的体育社会组织参与到公共体育服务的提供中，且组织服务能力资历和质量均较高，中标率很高；南京市的相对优势在于政府监管能力和服务效果较好，政府的高度重视使当地公共体育服务购买工作得到迅速发展。常州和南京的总体绩效均为良好，但常州市的优秀绩效指标要高于南京市。

通过对三个地方政府绩效评价指标进行分析可知，地方政府监管指标评价较高，资源投入指标评价较低，并成为影响购买主体的主要要素；从服务对象上来看，满意度指标是衡量地方政府购买公共体育服务绩效水平的关键。现阶段，地方政府购买公共体育服务需要重视公众满意度的提升，大力培育和扶持体育社会组织的成长，进行政策扶持或资金扶持，提升体育社会组织的承接能力，通过出台相关政策为体育社会组织发展创造良好的政策环境，规范体育社会组织的运作，充分发挥政府部门、体育社会组织和城市居民的协同能力。在大力培育体育社会组织的前提下，提倡以竞争性购买为主，非竞争性购买为辅的多元化方式，促进地方政府公共体育服务事业的快速发展。此外，地方政府应该加强对政府购买公共体育服务的制度保障，为购买目录、预算、监督、评价等方面提供行为依据参考，在部门规章制定的基础上结合实际情况颁布操作性强的地方政府规章。当然，研究中的指标数据分析更多为静态分析，难以从纵向上对不同城市进行比较分析，且对政府的动态监管和有效把握也是未来研究需要深入思考的问题。当然，评价指标体系中固定权重仍然存在着无法满足各主体实际需要的情况，需进一步探索设计多重权重体系，明确规定每个权重体系的适用对象及适用情况。

第八章 结论与建议

第一节 结 论

第一，地方政府购买公共体育服务是指地方政府通过资助或招标方式来找寻优质的体育社会组织，双方签订合同，并根据服务质量和服务效果支付资金的一种公共体育服务提供的制度安排。

第二，国外政府购买公共体育服务业注重竞争供给、全过程管理和以结果为导向的绩效评价等机制建设。

第三，我国地方政府购买公共体育服务缺乏统一管理办法，对购买过程执行、购买绩效评价方面缺少具体的规定。竞争性购买模式的使用较少，购买项目实施流程不规范，较少进行科学系统的考核。

第四，地方政府向体育社会组织购买公共体育服务时，体育社会组织环境不健全，使得政府在购买公共体育服务前期缺乏选择，缺少良好的竞争环境，垄断供给的性质较强。

第五，地方政府对立项—执行—绩效三个阶段的监督较为缺乏。各地政府在进行购买公共体育服务项目绩效评价时，缺乏对服务购买者的绩效进行有效评价。

第六，苏州市的相对优势表现在承接组织服务效果、总体能力和满意度这三个方面，总体绩效水平为优秀等级；常州市总体绩效水平为良好，其相对优势在于承接主体的总体能力较好，得益于社会组织环境较为成熟，体育社会组织能够参与到公共体育服务的提供中，且组织服务能力资历和质量均较高，中标率很高；南京市总体绩效水平为良好，南京市的相对优势在于政府监管能力和服务效果较好，政府的高度重视使当地公共体育服务购买工作得到迅速发展。

第二节　建　　议

第一，地方政府应该加强对政府购买公共体育服务的制度保障，为购买目录、预算、监督、评价等方面提供行为依据参考，在部门规章制定的基础上结合实际情况颁布可操作性强的地方政府规章。

第二，地方政府购买公共体育服务需要明确购买、承接、使用、评价等主体的职责，制定购买服务标准、购买内容及依据，简化购买服务流程，通过科学的评审和立项，以合同形式监管考核购买流程。

第三，地方政府需要大力培育和扶持体育社会组织的成长，进行政策扶持或资金扶持，体育社会组织需要加强内部管理的规范性，提升资质。

第四，地方政府购买公共体育服务绩效评价既要注重政府购买公共体育服务的效率评价，又要注重公共体育服务供给的质量评价。

第五，应该进一步加强地方政府购买公共体育服务的制度建设，将具体购买内容、监督过程等方面的责任纳入政府购买行为的绩效评价中，促进地方政府购买公共体育服务的科学化和规范化发展。

附　　录

附录一：地方政府购买公共体育服务绩效评价指标体系德尔菲法问卷

一、地方政府购买公共体育服务绩效评价指标体系——第一轮问卷

尊敬的先生/女士：

您好，感谢您在百忙之中参与本次调查。

科学的评估指标体系是绩效评估工作有效实施的关键。一个科学合理、运转协调的地方政府购买公共体育服务绩效评估指标体系有助于政府及企业树立正确的服务观念，促进公共体育服务的发展和建设。构建一套涵盖购买主体、承接主体、服务对象三方的地方政府购买公共体育服务绩效评估指标体系，能够为促进公共体育服务提供参考依据。因此我们开展了本次调查。

本问卷共包括3个一级指标、6个二级指标、45个三级指标，同意该指标就在此指标后面打√，若不同意，也可以提出修改意见，增减相关指标（见附表1和附表2）。此项调查不记名，所有资料仅供学术研究之用，请您安心填写。本问卷占用您的时间约为10分钟。没有您的鼎力相助，本研究无法完成。对于您的支持和协助，再次表示衷心的感谢。

1. 您的学科领域？

2. 您的职务？

3. 您的学历？

4. 您从事相关学科研究的年限？

附表1

一级指标	二级指标	三级指标	同意请打√，若不同意则不填或提出修改建议
购买主体（政府）	资源投入	预算编制的合理性	
		地方政府购买公共体育服务支出占地方财政总支出的比重（%）	
		地方政府购买公共体育服务支出的年增长率（%）	
		群众体育投入资金的年增长率（%）	
		体育健身场所投入资金的年增长率（%）	
		体育组织投入资金的年增长率（%）	
		体育监测点投入资金的年增长率（%）	
		体育指导员投入资金的年增长率（%）	
		每万元政府购买公共体育服务支出的受益人数量（人/万元）	
		辖区内全体公众人均政府购买公共体育服务支出（万元/人）	
		请填写您认为的其他有关政府资源投入的指标：	
	政府监管	前期需求调研	
		遴选承接机构评价能力	
		管理制度的健全程度	
		监督机制的完善程度	
		辖区体育局是否建立体育信息网站	
		购买方式选择的合理性	
		合同签订和执行程度	
		项目沟通协调机制完备性	
		投诉申诉的应答率（%）	
		请填写您认为的其他有关政府监管的指标：	

一级指标	二级指标	三级指标	同意请打√，若不同意则不填或提出修改建议
承接主体	总体能力	项目承接方的社会信誉度	
		承接主体工作人员规模（人）	
		承接主体资金规模（万元）	
		以往承接项目数量（个）	
		项目的公开招标率（%）	
		服务项目完成率（%）	
		以往承接项目绩效评价结果（x̄）	
		资金使用规范性和合理性	
		安全责任事故发生率	
		请填写您认为的其他有关承接主体总体能力的指标：	
	服务效果	服务被投诉率（%）	
		服务提供的频次（次/月）	
		项目完成情况	
		地方政府部门对服务工作的认可度	
		服务覆盖率（%）	
		享受服务的便利性	
		项目服务成效达标率（%）	
		人均体育健身场所数量（个）	
		人均体育指导员数量（人）	
		请填写您认为的其他有关承接主体服务效果的指标：	
服务对象	社会影响	居民参与率（%）	
		实际服务人数占比（%）	
		社会组织数量增长率（%）	
		竞争性购买金额占政府购买公共体育服务金额的比例（%）	
		请填写您认为的其他有关社会影响的指标：	

一级指标	二级指标	三级指标	同意请打√，若不同意则不填或提出修改建议
服务对象	受众满意度	受众对政府项目管理工作的满意度	
		受众对服务效果的满意度	
		受众对服务方式的满意度	
		受众对服务项目频率的满意度	
		请填写您认为的其他有关受众满意度的指标：	

附表 2

一级指标	二级指标	同意请打√，若不同意请提出修改建议
购买主体（政府）	资源投入	
	政府监管	
	请填写您认为的其他有关承接主体（政府）的指标：	
承接主体	总体能力	
	服务效果	
	请填写您认为的其他有关承接机构的指标：	
服务对象	社会影响	
	受众满意度	
	请您认真填写您认为的比较重要的其他有关服务对象的指标：	

二、地方政府购买公共体育服务绩效评价指标体系——第二轮问卷

尊敬的先生/女士：

您好，感谢您在百忙之中参与本次调查。

通过第一轮问卷的筛选整理出了新一轮的指标体系，请您根据自己的观点，在表中对应的空格处填上相应的分数。此项调查不记名，所有资料仅供学术研究之用，请您安心填写。本问卷占用您的时间约为 10 分钟。没有您的鼎力相助，本研究无法完成。对于您的支持和协助，再次表示感谢。

问题设计：

1. 请问您的职业是？

A. 政府单位工作人员

B. 教师

C. 研究学者

D. 其他

2. 请问您的职称是？

A. 教授

B. 副教授

C. 教师

D. 其他

3. 请问您的学历是？

A. 博士研究生

B. 硕士研究生

C. 本科

D. 其他

4. 请问您从事相关研究的年限是？

A. 0～5 年

B. 5～15 年

C. 15～25 年

D. 25 年以上

5. 请问您对政府购买公共体育服务绩效评价的了解程度是？

A. 十分了解

B. 比较了解

C. 一般

D. 不太了解

E. 不了解

附表3

一级指标	二级指标	三级指标	评分赋值				
			5分	4分	3分	2分	1分
			十分重要	比较重要	一般	不太重要	不重要
购买主体（政府）	资源投入	地方政府购买公共体育服务支出占地方财政总支出的比重（%）					
		地方政府购买公共体育服务支出的年增长率（%）					
		群众体育投入资金的年增长率（%）					
		体育健身场所投入资金的年增长率（%）					
		体育组织投入资金的年增长率（%）					
		体育监测点投入资金的年增长率（%）					
		体育指导员投入资金的年增长率（%）					
		每万元政府购买公共体育服务支出的受益人数量（人/万元）					
		辖区内全体公众人均政府购买公共体育服务支出（万元/人）					
	政府监管	前期需求调研					
		遴选承接机构评价能力					
		管理制度的健全程度					
		监督机制的完善程度					
		购买方式选择的合理性					
		合同签订和执行程度					
		项目沟通协调机制完备性					
		投诉申诉的应答率（%）					
		地方政府动员其他监管资源的能力					
		地方政府对公共体育设施的监管					
		地方政府对社会组织的监管（体育类的社会团体、民办非企业、基金会）					

一级指标	二级指标	三级指标	评分赋值				
			5分	4分	3分	2分	1分
			十分重要	比较重要	一般	不太重要	不重要
承接主体	总体能力	项目承接方的社会信誉度					
		承接主体工作人员规模（人）					
		承接主体资金规模（万元）					
		以往承接项目数量（个）					
		服务项目完成率（%）					
		以往承接项目绩效评价结果（x̄）					
		资金使用规范性和合理性					
		安全责任事故发生率（%）					
	服务效果	服务被投诉率（%）					
		项目完成情况					
		地方政府部门对服务工作的认可度					
		服务覆盖率（%）					
		享受服务的便利性					
		项目服务成效达标率（%）					
服务对象	社会影响	居民参与率（%）					
		实际受众人数占比（%）					
		社会组织数量增长率（%）					
		竞争性购买金额占政府购买公共体育服务金额的比例（%）					
		报纸媒体宣传报道频率					
	满意度	对政府项目管理工作的满意度					
		对服务效果的满意度					
		对服务方式的满意度					
		对服务项目频率的满意度					

附表 4

一级指标	二级指标	评分赋值				
		5 分	4 分	3 分	2 分	1 分
		十分重要	比较重要	一般	不太重要	不重要
购买主体（政府）	资源投入					
	政府监管					
承接主体	总体能力					
	服务效果					
服务对象	社会影响					
	满意度					

三、第二轮专家咨询问卷数据整理

附表 5

一级指标	二级指标	三级指标	专家打分（1～5）														
			1	2	3	4	5	6	7	8	9	10	11	12	13	14	15
购买主体（政府）	资源投入	地方政府购买公共体育服务支出占地方财政总支出的比重（%）	1	5	5	4	4	5	5	5	5	5	4	4	5	3	4
		地方政府购买公共体育服务支出的年增长率（%）	5	5	5	4	4	4	5	4	5	4	3	3	4	4	5
		群众体育投入资金的年增长率（%）	5	5	5	4	4	4	5	4	5	4	3	4	3	4	4
		体育健身场所投入资金的年增长率（%）	4	5	5	3	3	4	5	4	4	5	2	3	1	3	4
		体育组织投入资金的年增长率（%）	3	4	5	3	4	5	5	3	4	3	2	4	2	3	4
		体育监测点投入资金的年增长率（%）	2	5	5	4	5	4	5	5	5	3	1	2	1	2	4

一级指标	二级指标	三级指标	专家打分（1~5）														
			1	2	3	4	5	6	7	8	9	10	11	12	13	14	15
购买主体（政府）	资源投入	每万元政府购买公共体育服务支出的受益人数量（人/万元）	5	5	5	4	5	4	4	5	4	4	4	4	3	4	5
		辖区内全体公众人均政府购买公共体育服务支出（万元/人）	2	5	5	4	4	4	5	4	3	4	4	4	2	4	5
	政府监管	前期需求调研	5	4	5	3	5	4	5	5	4	5	3	5	3	5	5
		遴选承接机构评价能力	4	5	5	3	4	4	5	4	4	4	4	5	4	4	5
		管理制度的健全程度	5	5	4	4	4	4	5	4	4	5	4	4	4	4	5
		监督机制的完善程度	5	5	5	4	4	4	5	4	4	5	5	4	4	4	5
		购买方式选择的合理性	5	5	5	5	5	4	5	4	3	5	3	3	4	3	4
		合同签订和执行程度	4	4	5	4	4	4	4	4	4	5	4	4	4	4	5
		项目沟通协调机制完备性	3	3	5	4	4	4	4	4	4	4	3	3	3	3	5
		投诉申诉的应答率（%）	3	4	4	3	4	4	5	4	4	5	4	4	4	3	5
		地方政府动员其他监管资源的能力	4	4	4	4	4	3	4	4	4	4	3	3	3	4	5
		地方政府对公共体育设施的监管	3	5	4	4	4	4	4	4	4	4	4	3	4	3	5
		地方政府对社会组织的监管（体育类的社会团体、民办非企业、基金会）	5	4	5	4	5	4	4	3	3	4	3	4	4	4	5
承接主体	总体能力	项目承接方的社会信誉度	5	4	4	4	4	4	5	4	4	4	3	4	4	4	5
		承接主体工作人员规模（人）	4	2	4	3	5	4	5	3	3	5	2	3	3	3	4
		承接主体资金规模（万元）	4	5	4	3	5	4	4	3	5	3	2	4	3	3	4

续表

一级指标	二级指标	三级指标	专家打分（1~5）														
			1	2	3	4	5	6	7	8	9	10	11	12	13	14	15
承接主体	总体能力	以往承接项目数量（个）	4	5	3	3	4	4	3	3	3	4	2	2	3	3	4
		服务项目完成率（%）	5	5	3	4	4	4	5	4	5	4	3	4	5	4	4
		以往承接项目绩效评价结果（$\bar{x}$）	5	5	5	4	3	4	5	4	4	5	5	5	5	5	4
		资金使用规范性合理性	5	5	5	4	4	4	4	4	4	3	3	5	3	4	4
		无安全责任事故发生	5	4	5	5	4	5	4	5	4	5	4	5	3	3	4
	服务效果	服务无投诉率（%）	3	4	4	4	5	4	4	2	5	3	4	4	3	4	4
		项目完成情况	4	4	4	5	4	5	5	4	5	4	4	4	5	3	5
		地方政府部门对服务工作的认可度	4	5	4	4	5	4	4	5	3	4	4	2	3	4	4
		服务覆盖率（%）	5	4	5	4	4	4	4	4	4	3	2	3	2	4	4
		享受服务的便利性	5	4	5	4	4	4	5	4	4	3	4	2	4	4	4
		项目服务成效达标率（%）	5	5	5	4	4	5	4	4	4	4	4	5	5	4	4
服务对象	社会影响	居民参与率（%）	5	4	4	5	4	5	4	5	4	5	4	5	3	4	4
		实际受众人数占比（%）	4	5	5	4	4	5	5	4	5	4	5	4	5	4	5
		竞争性购买金额占政府购买公共体育服务金额的比例（%）	3	4	4	3	4	4	4	5	4	3	4	2	4	4	4
		报纸媒体宣传报道频率	4	5	5	3	5	4	4	3	3	3	3	3	4	3	4
	满意度	对政府项目管理工作满意度	3	5	5	4	5	4	5	4	4	3	4	4	4	4	4
		对服务效果的满意度	4	4	5	5	5	5	4	4	5	5	4	5	4	4	4
		对服务方式的满意度	5	4	5	4	4	5	5	5	4	4	4	4	3	4	4
		对服务项目频率的满意度	4	5	4	4	5	4	4	5	3	4	3	2	3	4	4

附表6

一级指标	二级指标	专家打分（1~5）														
		1	2	3	4	5	6	7	8	9	10	11	12	13	14	15
购买主体（政府）	资源投入	4	4	5	5	4	5	5	4	5	5	3	3	5	3	4
	政府监管	4	4	4	5	5	4	4	4	4	5	4	4	4	4	5
承接主体	总体能力	5	5	5	5	5	5	5	5	5	5	5	5	5	5	5
	服务效果	5	4	4	5	5	5	4	4	5	4	5	5	5	4	4
服务对象	社会影响	4	4	4	4	4	4	4	4	4	5	3	4	4	4	4
	满意度	5	5	5	4	4	5	4	4	5	4	5	4	5	5	4

附录二：地方政府购买公共体育服务绩效
评价 AHP 调查问卷

一、问题描述

此调查问卷以"地方政府购买公共体育服务绩效评价"为调查目标，对多种影响因素使用层次分析法进行分析，层次模型如图1。

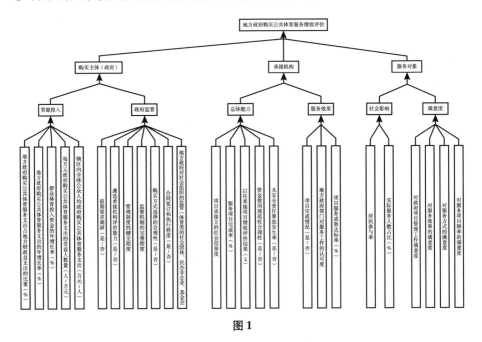

图1

二、问卷说明

此调查问卷的目的在于确定"地方政府购买公共体育服务绩效评价"各影响因素之间的相对权重。调查问卷根据层次分析法（AHP）的形式设计。这种方法是在同一个层次对影响因素的重要性进行两两比较。衡量尺度划分为9个等级，其中9，7，5，3，1的数值分别对应绝对重要、十分重要、比较重要、稍微重要、同样重要，8，6，4，2表示重要程度介于相邻的两个等级之间。（即绝对重要 <8< 十分重要）。

如附表7所示，靠左边的等级单元格表示左列因素比右列因素重要，靠右边的等级单元格表示右列因素比左列因素重要。根据您的看法，点击相应的单元格即可。单元格点击后会改变颜色，标识您对这项两两比较的判断数据。（在您认为的等级上修改数字颜色）。

附表7

9	8	7	6	5	4	3	2	1
绝对重要	两者之间	十分重要	两者之间	比较重要	两者之间	稍微重要	两者之间	同样重要

此项调查不记名，请您不必有任何顾虑，并且以总样本进行统计，所有资料仅供学术研究之用，请您安心填写。本问卷占用您的时间约为10分钟。没有您的鼎力相助，本研究无法完成。对于您的支持和协助，再次表示衷心的感谢。

三、问卷内容

第2层要素

■评价"地方政府购头公共体育服务绩效评价"的相对重要性

影响因素	说明
承接机构	包括：总体能力，服务效果
服务对象	包括：满意度，社会影响
购买主体（政府）	包括：资源投入，政府监管

下列各组要素两两比较，对于"地方政府购买公共体育服务绩效评价"的相对重要性如何？

A	重要性比较																	B
承接机构	9	8	7	6	5	4	3	2	1	2	3	4	5	6	7	8	9	服务对象
承接机构	9	8	7	6	5	4	3	2	1	2	3	4	5	6	7	8	9	购买主体（政府）
服务对象	9	8	7	6	5	4	3	2	1	2	3	4	5	6	7	8	9	购买主体（政府）

第 3 层要素

■评价"承接机构"的相对重要性

下列各组两两比较要素，对于"承接机构"的相对重要性如何？

A	重要性比较																	B
总体能力	9	8	7	6	5	4	3	2	1	2	3	4	5	6	7	8	9	服务效果

■评价"服务对象"的相对重要性

下列各组两两比较要素，对于"服务对象"的相对重要性如何？

A	重要性比较																	B
满意度	9	8	7	6	5	4	3	2	1	2	3	4	5	6	7	8	9	社会影响

■评价"购买主体（政府）"的相对重要性

下列各组两两比较要素，对于"购买主体（政府）"的相对重要性如何？

A	重要性比较																	B
资源投入	9	8	7	6	5	4	3	2	1	2	3	4	5	6	7	8	9	政府监管

第 4 层要素

■评价"总体能力"的相对重要性

下列各组两两比较要素，对于"总体能力"的相对重要性如何？

A	重要性比较																	B
服务项目完成率	9	8	7	6	5	4	3	2	1	2	3	4	5	6	7	8	9	以往承接项目绩效评价结果
服务项目完成率	9	8	7	6	5	4	3	2	1	2	3	4	5	6	7	8	9	项目承接方的社会信誉度
服务项目完成率	9	8	7	6	5	4	3	2	1	2	3	4	5	6	7	8	9	资金使用规范性合理性
服务项目完成率	9	8	7	6	5	4	3	2	1	2	3	4	5	6	7	8	9	无安全责任事故发生率
以往承接项目绩效评价结果	9	8	7	6	5	4	3	2	1	2	3	4	5	6	7	8	9	项目承接方的社会信誉度
以往承接项目绩效评价结果	9	8	7	6	5	4	3	2	1	2	3	4	5	6	7	8	9	资金使用规范性合理性
以往承接项目绩效评价结果	9	8	7	6	5	4	3	2	1	2	3	4	5	6	7	8	9	无安全责任事故发生率
项目承接方的社会信誉度	9	8	7	6	5	4	3	2	1	2	3	4	5	6	7	8	9	资金使用规范性合理性
项目承接方的社会信誉度	9	8	7	6	5	4	3	2	1	2	3	4	5	6	7	8	9	无安全责任事故发生率
资金使用规范性合理性	9	8	7	6	5	4	3	2	1	2	3	4	5	6	7	8	9	无安全责任事故发生率

■评价"服务效果"的相对重要性

下列各组两两比较要素，对于"服务效果"的相对重要性如何？

A	重要性比较																	B
项目服务成效达标率	9	8	7	6	5	4	3	2	1	2	3	4	5	6	7	8	9	地方政府部门对服务工作的认可
项目服务成效达标率	9	8	7	6	5	4	3	2	1	2	3	4	5	6	7	8	9	项目完成情况
地方政府部门对服务工作的认可	9	8	7	6	5	4	3	2	1	2	3	4	5	6	7	8	9	项目完成情况

■评价"满意度"的相对重要性

下列各组要素的两两比较，对于"满意度"的相对重要性如何？

A	重要性比较																	B
对服务效果的满意度	9	8	7	6	5	4	3	2	1	2	3	4	5	6	7	8	9	对服务方式的满意度
对服务效果的满意度	9	8	7	6	5	4	3	2	1	2	3	4	5	6	7	8	9	对政府项目管理工作满意度
对服务效果的满意度	9	8	7	6	5	4	3	2	1	2	3	4	5	6	7	8	9	对服务项目频率满意度
对服务方式的满意度	9	8	7	6	5	4	3	2	1	2	3	4	5	6	7	8	9	对政府项目管理工作满意度
对服务方式的满意度	9	8	7	6	5	4	3	2	1	2	3	4	5	6	7	8	9	对服务项目频率满意度
对政府项目管理工作满意度	9	8	7	6	5	4	3	2	1	2	3	4	5	6	7	8	9	对服务项目频率满意度

■评价"社会影响"的相对重要性

下列各组两两比较要素，对于"社会影响"的相对重要性如何？

A	重要性比较																	B
居民参与率	9	8	7	6	5	4	3	2	1	2	3	4	5	6	7	8	9	实际服务人数占比

■评价"资源投入"的相对重要性

下列各组两两比较要素，对于"资源投入"的相对重要性如何？

A	重要性比较																	B
地方政府购买公共体育服务支出占地方财政总支出的比重	9	8	7	6	5	4	3	2	1	2	3	4	5	6	7	8	9	群众体育投入资金的年增长率
地方政府购买公共体育服务支出占地方财政总支出的比重	9	8	7	6	5	4	3	2	1	2	3	4	5	6	7	8	9	地方政府购买公共体育服务支出的年增长率
地方政府购买公共体育服务支出占地方财政总支出的比重	9	8	7	6	5	4	3	2	1	2	3	4	5	6	7	8	9	辖区内全体公众人均政府购买公共体育服务支出
地方政府购买公共体育服务支出占地方财政总支出的比重	9	8	7	6	5	4	3	2	1	2	3	4	5	6	7	8	9	每万元政府购买公共体育服务支出的受益人数量
群众体育投入资金的年增长率	9	8	7	6	5	4	3	2	1	2	3	4	5	6	7	8	9	地方政府购买公共体育服务支出的年增长率
群众体育投入资金的年增长率	9	8	7	6	5	4	3	2	1	2	3	4	5	6	7	8	9	辖区内全体公众人均政府购买公共体育服务支出
群众体育投入资金的年增长率	9	8	7	6	5	4	3	2	1	2	3	4	5	6	7	8	9	每万元政府购买公共体育服务支出的受益人数量

A	重要性比较																	B
地方政府购买公共体育服务支出的年增长率	9	8	7	6	5	4	3	2	1	2	3	4	5	6	7	8	9	辖区内全体公众人均政府购买公共体育服务支出
地方政府购买公共体育服务支出的年增长率	9	8	7	6	5	4	3	2	1	2	3	4	5	6	7	8	9	每万元政府购买公共体育服务支出的受益人数量
辖区内全体公众人均政府购买公共体育服务支出	9	8	7	6	5	4	3	2	1	2	3	4	5	6	7	8	9	每万元政府购买公共体育服务支出的受益人数量

■评价"政府监管"的相对重要性

下列各组两两比较要素，对于"政府监管"的相对重要性如何？

A	重要性比较																	B
遴选承接机构评价能力	9	8	7	6	5	4	3	2	1	2	3	4	5	6	7	8	9	监督机制的完善程度
遴选承接机构评价能力	9	8	7	6	5	4	3	2	1	2	3	4	5	6	7	8	9	管理制度的健全程度
遴选承接机构评价能力	9	8	7	6	5	4	3	2	1	2	3	4	5	6	7	8	9	购买方式选择的合理性
遴选承接机构评价能力	9	8	7	6	5	4	3	2	1	2	3	4	5	6	7	8	9	前期需求调研
遴选承接机构评价能力	9	8	7	6	5	4	3	2	1	2	3	4	5	6	7	8	9	地方政府对社会组织的监督
遴选承接机构评价能力	9	8	7	6	5	4	3	2	1	2	3	4	5	6	7	8	9	合同签订的执行程度
监督机制的完善程度	9	8	7	6	5	4	3	2	1	2	3	4	5	6	7	8	9	管理制度的健全程度
监督机制的完善程度	9	8	7	6	5	4	3	2	1	2	3	4	5	6	7	8	9	购买方式选择的合理性

A	重要性比较																	B
监督机制的完善程度	9	8	7	6	5	4	3	2	1	2	3	4	5	6	7	8	9	前期需求调研
监督机制的完善程度	9	8	7	6	5	4	3	2	1	2	3	4	5	6	7	8	9	地方政府对社会组织的监督
监督机制的完善程度	9	8	7	6	5	4	3	2	1	2	3	4	5	6	7	8	9	合同签订的执行程度
管理制度的健全程度	9	8	7	6	5	4	3	2	1	2	3	4	5	6	7	8	9	购买方式选择的合理性
管理制度的健全程度	9	8	7	6	5	4	3	2	1	2	3	4	5	6	7	8	9	前期需求调研
管理制度的健全程度	9	8	7	6	5	4	3	2	1	2	3	4	5	6	7	8	9	地方政府对社会组织的监督
管理制度的健全程度	9	8	7	6	5	4	3	2	1	2	3	4	5	6	7	8	9	合同签订的执行程度
购买方式选择的合理性	9	8	7	6	5	4	3	2	1	2	3	4	5	6	7	8	9	前期需求调研
购买方式选择的合理性	9	8	7	6	5	4	3	2	1	2	3	4	5	6	7	8	9	地方政府对社会组织的监督
购买方式选择的合理性	9	8	7	6	5	4	3	2	1	2	3	4	5	6	7	8	9	合同签订的执行程度
前期需求调研	9	8	7	6	5	4	3	2	1	2	3	4	5	6	7	8	9	地方政府对社会组织的监督
前期需求调研	9	8	7	6	5	4	3	2	1	2	3	4	5	6	7	8	9	合同签订的执行程度
地方政府对社会组织的监督	9	8	7	6	5	4	3	2	1	2	3	4	5	6	7	8	9	合同签订的执行程度

问卷结束，再次感谢您的支持！

参 考 文 献

[1] 卞凌云. 新公共服务视角下县级政府公共服务问题研究 [J]. 科技与企业, 2015 (2).

[2] 财务部. 关于政府购买服务有关预算管理问题的通知 [R]. http：//www. ccgp. gov. cn/specialtopic/cgggfwtjqk/zytj/201406/t20140604_3499222. shtml, 2014. 06. 04.

[3] 财政部. 发布政府采购竞争性磋商采购方式管理暂行办法有关问题的补充通知 [J]. 招标采购管理, 2015 (10)：6.

[4] 财政部综合司. 政府购买服务的国际经验与思考 [J]. 中国财政, 2014 (13)：17 – 20.

[5] 曹爱军. 当代中国公共服务的话语逻辑与概念阐释 [J]. 吉首大学学报 (社会科学版), 2019 (2)：55 – 62.

[6] 曹小华. 地方政府绩效管理制度化与法律化研究——基于佛山市的实践探索 [D]. 广州：华南理工大学, 2016.

[7] 柴亚萍. 西安市公共体育服务评价指标体系构建研究 [D]. 西安：西安体育学院, 2018.

[8] 常休泽. 政府提供公共产品也可采用公司伙伴关系机制 [J]. 产权导刊, 2006 (8)：23 – 24.

[9] 陈斌, 韩会君. 公共体育服务概念的科学认识——基于术语学的视阈 [J]. 广州体育学院学报, 2015 (2)：7 – 11.

[10] 陈昌盛, 蔡跃洲. 中国政府公共服务：体制变迁与地区综合评估 [M]. 北京：中国社会科学出版社, 2007.

[11] 陈朝兵. 基本公共服务质量：概念界定、构成要素与特质属性 [J]. 首都经济贸易大学学报, 2019 (3)：65 – 71.

［12］陈丛刊，卢文云，等．英国公共体育服务供给体系建设的经验与启示［J］．成都体育学院学报，2012（1）：28 – 32.

［13］陈建华．福建省农村公共体育服务绩效的评价方法［J］．体育科学研究，2017（3）：39 – 47.

［14］陈静霜．我国体育公共服务模式选择与供给主体分析［J］．成都体育学院学报，2009（6）：32 – 35.

［15］陈力．区分公共服务与经营性服务的理论思考［J］．中国人才，2007（10）：26 – 28.

［16］陈利民．基于SCM 的企业绩效模糊综合评价方法研究［J］．物流工程与管理，2009（1）：56 – 58.

［17］陈雪．安徽省政府购买公共服务绩效评价体系研究［D］．合肥：安徽大学，2016.

［18］陈旸．社区体育服务绩效评价［M］．北京师范大学出版社，2011.

［19］陈英英．江西省公共体育服务绩效评价研究［D］．南昌：江西师范大学，2016.

［20］陈紫滢，徐立功．基于双元综合评价模型的公共体育服务绩效评价研究［J］．哈尔滨体育学院学报，2019（3）：34 – 38.

［21］褚谨．新疆城乡基本公共服务均等化问题与对策研究［D］．乌鲁木齐：新疆大学，2017.

［22］丛湖平，卢伟．政府购买公共体育服务的模式、问题及建议——基于苏、浙、沪、粤等省市的调研［J］．体育科学，2016（12）：11 – 17.

［23］崔永剑．苏州市公共体育服务绩效评价体系研究［J］．体育科技，2018（3）：88 – 89.

［24］戴健．政府购买全民健身公共服务绩效评估体系研究［M］．上海：华东师范大学出版社，2020.

［25］戴维·奥斯本，特德·盖布勒．改革政府：企业家精神如何改革着公共部门［M］．上海译文出版社，1996.

［26］戴维·米勒，韦农·波格丹诺．布莱克维尔政治学百科全书［M］．北京：中国政法大学出版社，1992.

［27］戴维·奥斯本，特德·盖布勒．改革政府——企业精神如何改革

着公共部门 [M]. 上海：上海译文出版社，2013.

[28] 邓家桃. 基于模糊综合评判法的大学物理实验教学评价 [D]. 长沙：湖南大学，2007.

[29] 邓志锋. 政府向社会组织购买公共服务中的行动逻辑研究 [D]. 上海：华东师范大学，2018.

[30] 丁元竹，江汛清. 我国社会公共服务供给不足原因分析 [N]. 中国经济时报，2006.06.30.

[31] 樊炳有，潘辰鸥，高静. 新时代我国公共体育服务供给治理转型研究 [J]. 体育科学，2021 (2)：23 - 38.

[32] 樊炳有. 我国体育公共服务供给制度及实践路径选择探讨 [J]. 体育与科学，2009 (4)：27 - 31.

[33] 范冬云. 广州市大众体育公共服务研究 [D]. 上海：上海体育学院，2011.

[34] 范影影. 城市社区公共体育服务绩效评价体系的构建——以江苏省镇江市为例 [J]. 哈尔滨体育学院学报，2015 (6)：48 - 53.

[35] 方德敏. 上海迪士尼旅游者乐园地方感对城市地方感的影响机制研究 [D]. 芜湖：安徽师范大学，2018.

[36] 方堃. 当代中国新型农村公共服务体系研究 [M]. 北京：中国社会科学出版社，2010.

[37] 冯维胜，曹可强. 政府购买公共体育服务的评估困境、成因及对策 [J]. 成都体育学院学报，2017 (3)：30 - 35.

[38] 冯欣欣. 政府购买公共体育服务的模式研究 [J]. 体育与科学，2014 (5)：44 - 48，71.

[39] 高斌，戴俭慧，井志侠，等. 政府购买体育公共服务的价值取向分析 [J]. 赤峰学院学报（自然科学版），2014 (20)：114 - 115.

[40] 高春兰. 韩国社会福利法人组织的运作模式研究 [J]. 社会工作，2012 (3)：12 - 15.

[41] 高芙蓉. 政府购买社会服务研究综述 [J]. 郑州轻工业学院学报（社会科学版），2015 (3)：41 - 47.

[42] 龚锋. 地方公共安全服务供给效率评估——基于四阶段 DEA 和

Bootstrapped DEA 的实证研究 [J]. 管理世界, 2008 (4): 80 - 90.

[43] 顾雪, 李国金, 藏威. 城市公共体育服务供给创新研究 [J]. 当代体育科技, 2019 (12): 174 - 175.

[44] 关于印发苏州市财政局 2019 年政务公开工作要点的通知 [DB/OL]. 苏州市人民政府网, http: //www. suzhou. gov. cn/szsrmzf/czjdtxx/202001/81b5e323c0094cefbf5594797d06cc93. shtml.

[45] 郭付全. 中国工程物理研究院政府采购制度研究 [D]. 成都: 西南财经大学, 2004.

[46] 郭思圻. 政府购买社会组织公共服务绩效评价体系研究 [D]. 武汉: 武汉理工大学, 2014.

[47] 郭修金, 戴健. 政府购买体育社会组织公共体育服务的实践、问题与措施——以上海市、广东省为例 [J]. 上海体育学院学报, 2014 (3): 7 - 12.

[48] 国家体育总局. 体育发展 "十三五" 规划 [R]. https: //www. sport. gov. cn/n315/n330/c723032/content. html.

[49] 国务院. 关于印发体育强国建设纲要的通知 [R]. http: //www. gov. cn/zhengce/content/2019 - 09/02/content_5426485. htm, 2019. 09. 02.

[50] 国务院. 关于政府向社会力量购买服务的指导意见 [R]. 中华人民共和国中烟人民政府门户网站. 2013. 09. 30.

[51] 国务院办公厅. 关于政府向社会力量购买服务的指导意见 [R]. www. gov. cn/xxgk/pub/govpublic/mrlm/201309/t20130930_66438. html, 2013. 09. 26.

[52] 韩丽荣, 盛金, 高瑜彬. 日本政府购买公共服务制度评析 [J]. 现代日本经济, 2013 (2): 25.

[53] 何菲. 公共服务供给模式的市场化选择 [J]. 信阳师范学院学报 (哲学社会科学版), 2006 (5): 10 - 11.

[54] 何建鹏. 武汉市政府购买公共体育服务承接主体绩效评价的实证研究 [D]. 武汉: 华中科技大学, 2019.

[55] 胡科, 虞重干. 政府购买体育服务的个案考察与思考——以长沙市政府购买游泳服务为个案 [J]. 武汉体育学院学报, 2012 (1): 43 - 51.

［56］胡志明，程灏，刘旭然．公共服务能力概念界定及要素解析——基于扎根理论范式的质性研究［J］．电子科技大学学报（社科版），2020（4）：54－59．

［57］郇昌店．我国公共体育服务供给市场化运作方式研究［D］．天津：天津体育学院，2008．

［58］贾康，孙洁．公私合作伙伴机制：城镇化投融资的模式创新［J］．经济研究参考，2014（13）：16－27．

［59］江涛，王玉侠．政府购买公共体育服务研究回顾与效益分析［J］．河北体育学院学报，2019（4）：18－23．

［60］江涛．政府购买公共体育服务研究回顾与效益分析［J］．河北体育学院学报，2019（33）：18－23．

［61］姜爱华，杨琼．北京市政府购买公共服务绩效评价中存在的问题及对策分析［J］．经济研究参考，2019（12）：90－96，103．

［62］焦亮亮，张玉超，周敏．江苏省政府购买公共体育服务的方式、问题及对策研究［J］．辽宁体育科技，2016（1）：1－4．

［63］金荣学，魏晓兰．日本PPP模式对我国的经验与启示［J］．当代经济，2017（16）：10－12．

［64］句华．政府购买服务与事业单位改革衔接模式探讨［J］．行政管理改革，2017（3）：34－39．

［65］赖其军，郇昌店，肖林鹏，等．从政府投入到政府购买——公共体育服务供给创新研究［J］．体育文化导刊，2010（10）：7－9．

［66］李斌．政府购买公共服务研究［J］．陕西行政学院学报，2012（2）：40－42．

［67］李道华．加强基层政府购买服务承接主体建设的思考［J］．改革与开放，2018（17）：49－51．

［68］李和中，钱道赓．公共服务供给视角下的服务型政府建设［J］．郑州大学学报，2007（4）：91．

［69］李辉．地方政府购买公共体育服务的研究进展与评述［J］．体育教育与研究，2019（34）：49－53．

［70］李军鹏．政府购买公共服务的学理因由、典型模式与推进策略

[J]. 改革, 2013 (12): 17 - 29.

[71] 李培林, 徐崇温, 李林. 当代西方社会的非营利组织——美国、加拿大非营利组织考察报告 [J]. 河北学刊, 2006 (2): 71 - 80.

[72] 李荣日, 肖春霞, 杨敏. 完善社区全民健身公共服务评价指标体系研究 [J]. 北京体育大学学报, 2014 (7): 18 - 22.

[73] 李宗浩, 肖林鹏. "后奥运时代" 我国省级体育工作绩效评价研究 [M]. 北京: 北京体育大学出版社, 2015.

[74] 梁时娟, 张子龙, 王守清. 中、英、日、韩 PPP 项目模式的政府管理比较研究 [J]. 项目管理技术, 2013 (5): 17 - 21.

[75] 梁爽, 白宝光. 地方政府购买基本公共卫生服务绩效评价指标体系研究 [J]. 安徽行政学院学报, 2018 (6): 22 - 28.

[76] 刘建华. 美国对弱势群体的教育援助及其启示 [J]. 领导科学, 2007 (7): 50 - 51.

[77] 刘丽娜, 李海鹏, 谢冰. 我国政府绩效评价研究的元分析: 2006 ~ 2010 [J]. 科技管理研究, 2011 (20): 68 - 72.

[78] 刘利. 政府购买公共图书馆服务绩效评价指标体系研究 [D]. 保定: 河北大学, 2018.

[79] 刘培培. 政府购买养老服务的绩效评价研究 [D]. 上海: 上海工程技术大学, 2016.

[80] 刘笑霞. 政府绩效评价理论框架之构建 [D]. 厦门: 厦门大学, 2008.

[81] 刘玉. 论社会转型期我国体育公共服务的内涵、特性与分类框架 [J]. 成都体育学院学报, 2010 (10): 1 - 4.

[82] 刘玉姿. 政府购买公共服务立法研究 [M]. 厦门: 厦门大学出版社, 2016.

[83] 卢亚. 基于成本效益分析政府购买公共体育服务的成效 [D]. 开封: 河南大学, 2017.

[84] 卢跃东. 基于公众满意度的公共体育服务绩效实际测评、影响因素及优化路径研究 [D]. 上海: 上海体育学院, 2019.

[85] 洛佩兹·克拉罗斯, 奥汀格尔·布兰克. 全球竞争力报告 [M].

北京：经济管理出版社，2006.

　　[86] 吕小柏. 绩效评价与管理 [M]. 北京：北京大学出版社，2013.

　　[87] 马德浩. 从管理到治理：新时代体育治理体系与治理能力现代化建设的四个主要转变 [J]. 武汉体育学院学报，2018（7）：5-11，55.

　　[88] 马洪范. 建立全过程预算绩效管理体系 [M]. 北京：经济科学出版社，2018.

　　[89] 马全中. 论政府向社会组织购买公共服务的绩效评价——以广东省韶关市为例 [J]. 行政事业资产与财务，2018（3）：17-19.

　　[90] 迈克尔·麦金尼斯. 多中心体制与地方公共经济 [M]. 上海：上海三联书店，2000.

　　[91] 毛明明. 当代中国政府购买教育服务研究 [D]. 昆明：云南大学，2016.

　　[92] 毛太田. 地方政府公共财政支出绩效评价研究 [M]. 北京：光明日报出版社，2013.

　　[93] 毛颖. 公共体育服务绩效评价体系的辩证考量 [J] 中国学校体育（高等教育），2017（6）：12-16.

　　[94] 闵健，李万来，刘青. 公共体育管理概述 [M]. 北京：北京体育大学出版社，2005.

　　[95] 裴赓. 公共财政框架下的政府采购问题研究 [D]. 北京：财政部财政科学研究所，2011.

　　[96] 彭浩. 借鉴发达国家经验推进政府购买公共服务 [J]. 财政研究，2010（7）：48-50.

　　[97] 漆焕. 国外政府采购绩效评价经验一览 [N]. 政府采购信息报，2009.02.13.

　　[98] 齐芳. 政府购买社会工作服务的竞争性磋商机制建设探析 [J]. 中国社会工作，2018（4）：33-35.

　　[99] 秦小平，李献华，夏青. 政府购买体育公共服务机制研究 [J]. 河北体育学院学报，2016（1）：20-24，73.

　　[100] 全国人民代表大会常务委员会. 中华人民共和国政府采购法 [DB/OL]. https：//flk. npc. gov. cn/detail2. html？MmM5MDlmZGQ2NzhiZjE3O

TAxNjc4YmY3N2UxNzA3NTM.

[101] 萨瓦斯.民营化与公私部门的伙伴关系 [M].北京:中国人民大学出版社,2002.

[102] 桑助来.中国政府绩效评估报告 [M].北京:中共中央学校出版社,2009.

[103] 邵安,杨立品.警务战术与指挥专业人才评价体系的构建研究 [J].河北公安警察职业学院学报,2014 (4):70-74.

[104] 沈克印,陈银桥,杨毅然.政府向体育社会组织购买公共体育服务:逻辑、困境及治理策略 [J].体育成人教育学刊,2016 (1):39-43,49.

[105] 沈克印,杨毅然.政府向体育社会组织购买公共体育服务:逻辑、困境及治理策略 [J].体育成人教育学刊,2016 (1):39-43,49.

[106] 沈克印.政府购买公共体育服务的监督机制研究 [J].体育成人教育学刊,2017 (4):53-57,95.

[107] 沈克印.政府购买公共体育服务的理论与实践 [M].武汉:华中科技大学出版社,2021.

[108] 沈荣华.中国地方政府学 [M].北京:社会科学文献出版社,2006.

[109] 沈婷婷.单一来源政府采购方式审批管理面临的突出问题与对策探讨 [J].现代商业,2019 (22):120-121.

[110] 施生旭,郑逸芳.海峡西岸经济区文化产业竞争力评价模型研究 [C].中国商业经济学会,湖北省商业经济学会.第六届中国中部地区商业经济论坛论文集,2012:302-308.

[111] 史小强.地方政府全民健身公共服务绩效:评价模型构建、实证分析与提升路径 [D].上海:上海体育学院,2017.

[112] 宋娜梅,罗彦平,郑丽.体育公共服务绩效评价:指标体系构建与评分计算方法 [J].体育与科学,2012 (5):30-34.

[113] 孙欣华.英国PPP模式发展特点、主要监管措施及对我国的启示 [J].经济研究导刊,2015 (20):244-245.

[114] 汤际澜.我国基本公共体育服务均等化研究 [D].苏州:苏州大

学，2011.

[115] 滕萱. 重庆市政府购买公共卫生服务绩效评价研究 [D]. 重庆：重庆医科大学，2016.

[116] 王伯超，范冬云，王伟超. 发达国家体育公共服务改革的背景及启示 [J]. 上海体育学院学报，2010 (3)：6 - 9，18.

[117] 王才兴. 构建完善的体育公共服务体系 [J]. 体育科研，2008 (2)：2 - 4.

[118] 王春婷. 政府购买公共服务绩效研究 [M]. 北京：知识产权出版社，2020.

[119] 王东，王旭阳洋. 我国政府购买体育公共服务的实践评析及制度完善 [J]. 新疆财经，2018 (3)：21 - 28.

[120] 王东伟. 我国政府购买公共服务问题研究 [M]. 北京：经济科学出版社，2015.

[121] 王飞飞. 政府购买保洁服务绩效评价研究——以镇江为例 [D]. 镇江：江苏大学，2018.

[122] 王会寨. 公共服务视野下的中国体育行政管理体制改革 [D]. 北京：北京体育大学，2009.

[123] 王家宏. 我国公共体育服务体系研究 [M]. 苏州：苏州大学出版社，2016.

[124] 王静宜，刘璐. 国内外公共体育服务概念内涵的比较与启示 [J]. 云南行政学院学报，2016 (5)：144 - 147.

[125] 王丽君，辜德宏，胡科. 我国政府购买公共体育服务的实践走向 [J]. 上海体育学院学报，2015 (4)：71 - 76.

[126] 王梦阳. 政府公共体育服务满意度绩效评价指标的构建——以上海市为例 [J]. 体育科学，2013 (10)：63 - 70.

[127] 王明. 基于发展能力模糊评价的知识型城市发展路径研究 [D]. 合肥：中国科学技术大学，2013.

[128] 王萍萍. 政府购买社区体育公共服务绩效评价研究——以广州市政府购买社区体育公共服务为例 [J]. 中国政府采购，2015 (5)：41 - 43.

[129] 王蒲劬. 政府向社会组织购买公共服务研究 [M]. 北京：北京大

学出版社，2010.

[130] 王浦劬，Jude Howell. 政府向社会力量购买公共服务发展研究——基于中英经验的分析［M］. 北京：北京大学出版社，2016.

[131] 王浦劬，莱斯特 M 萨拉蒙. 政府向社会组织购买公共服务研究：中国与全球经验分析［M］. 北京：北京大学出版社，2010.

[132] 王姝雯. 美国政府对非营利组织的管理模式及其启示［J］. 辽宁行政学院学报，2012（5）：28 – 30.

[133] 王松. 我国公共体育服务绩效评价模式研究［J］. 体育文化导刊，2018（2）：38 – 42.

[134] 王天义，杨斌. 日本政府和社会资本合作（PPP）研究［M］. 北京：清华大学出版社，2018.

[135] 王秀香. 基于公民满意度的公共体育服务绩效评价体系构建［J］. 南京体育学院学报（社会科学版），2014（4）：41 – 47.

[136] 王亚奇. 上海市社区公共体育服务绩效评价指标的构建［D］. 上海：上海体育学院，2017.

[137] 王占坤，陈勇，张宇，等. 地方政府购买公共体育服务标准化的现实困境与发展策略［J］. 安徽师范大学学报（自然科学版），2021（1）：88 – 92.

[138] 王占坤，吴兰花，张现成. 地方政府购买公共体育服务的成效、困境及化解对策［J］. 天津体育学院学报，2014（5）：409 – 414.

[139] 王振. 政府购买公共文化服务的绩效评价研究［D］. 杭州：浙江大学，2014.

[140] 韦伟，王家宏. 我国公共体育服务绩效评价体系构建及实证研究［J］. 体育科学，2015（7）：35 47.

[141] 文森特，奥斯特罗姆. 美国公共行政的思想危机［M］. 南昌：江西人民出版社，1999.

[142] 文英平. 政府绩效评价中的公信力研究［D］. 兰州：西北师范大学，2011.

[143] 吴俊卿. 绩效评价的理论与方法［M］. 北京：科学科技文献出版社，1991.

[144] 吴磊. 政府购买公共服务质量保障研究 [M]. 上海：上海交通大学出版社，2019.

[145] 吴卅. 政府购买公共体育服务绩效评价现状——基于上海市和常州市经验 [J]. 北京体育大学学报，2017（3）：11-15.

[146] 肖林鹏，李宗浩，杨晓晨. 公共体育服务概念及其理论分析 [J]. 天津体育学院学报，2007（2）：97-101.

[147] 肖林鹏，李宗浩，杨晓晨. 我国公共体育服务体系概念开发及其结构探讨 [J]. 天津体育学院学报，2007（6）：472-475.

[148] 肖林鹏. 论我国公共体育服务供给的基本问题 [J]. 体育文化导刊，2008（1）：10-12.

[149] 肖林鹏，等. 论我国公共体育服务的供给困境 [J]. 山东体育学院学报，2008（8）：13-18.

[150] 谢叶寿，阿英嘎. 英国政府购买公共体育服务的实践与启示 [J]. 体育与科学，2016（2）：66-70.

[151] 谢正阳，汤际澜，陈新，等. 英国公共体育服务标准化评价模式发展历程、特征及启示 [J]. 体育与科学，2018（6）：62-74.

[152] 形成联系 - 青少年体育政策 [DB/OL]. https：//www. dlgsc. wa. gov. au/department/publications/publication/forming - links - junior - sport - policy.

[153] 徐家良，赵挺. 政府购买公共服务的现实困境与路径创新：上海的实践 [J]. 中国行政管理，2013（8）：26-30，98.

[154] 徐军田. 地方服务型政府绩效评估指标体系研究 [D]. 大连：大连理工大学，2007.

[155] 徐燕燕. 政府购买公共体育服务模式研究 [J]. 濮阳职业技术学院学报，2015（1）：133-135，142.

[156] 徐中伶. 日本非营利组织考察报告 [J]. 社团管理研究，2008（4）：50-52.

[157] 许荟蓉. 政府公共体育服务满意度绩效评价指标的构建 [J]. 经济研究导刊，2017（35）：161-163.

[158] 晏绍文，秦小平. 体育公共服务多元化供给研究 [J]. 湖州师范学院学报，2011（1）：69-74.

[159] 杨国良. 新公共管理与新公共服务理论述评与启示 [J]. 福州党校学报, 2009 (5): 38-41.

[160] 叶松东. 我国体育公共服务供给主体研究 [J]. 体育世界 (学术版), 2016 (8): 47-48.

[161] 印道胜. 政府公共服务合同外包的监管问责机制研究 [D]. 南京: 南京理工大学, 2018.

[162] 应建华, 陆亨伯, 等. 政府向体育社会组织购买内容、标准与方式研究 [J]. 宁波大学学报 (人文科学版), 2016 (2): 128-132.

[163] 于晓明. 基于 PSR 模型的公共体育服务绩效评价研究 [J]. 运动, 2014 (15): 147-148.

[164] 余海瑞. 江苏省政府部门支持市级体育社会组织发展资金使用研究 [D]. 北京: 北京体育大学, 2017.

[165] 俞琳, 曹可强. 消费预测背景下公共体育服务供给导向研究 [J]. 成都体育学院学报, 2012 (5): 36-39.

[166] 宇钧, 石扬唐诗. 我国公共体育服务供给困境的突破策略研究 [J]. 当代教育论坛, 2017 (5): 93-98.

[167] 袁新锋, 张瑞林, 王飞, 等. 公共体育服务质量: 概念界定与影响因素分析 [J]. 天津体育学院学报, 2019 (3): 232-237.

[168] 袁新雨. 地方政府购买公共服务的策略研究 [D]. 南京: 东南大学, 2015.

[169] 张滨. 基于宏观调控法视域的体育公共服务供给的有效实施路径分析 [J]. 西安体育学院学报, 2019 (2): 143-146.

[170] 张大超, 杨娟. 我国政府购买公共体育服务的现实困境和发展对策 [J]. 体育科学, 2017 (9): 3-15, 27.

[171] 张凤彪, 王松. 我国公共体育服务绩效评价研究述评 [J]. 体育科学, 2017 (4): 62-73.

[172] 张凤彪. 基于 SEM 的我国公共体育服务绩效评价实证研究 [C]. 第十一届全国体育科学大会论文摘要汇编, 2019.

[173] 张建会, 刘振江. 我国群众体育公共服务供给过程中的政府职能研究 [J]. 河北体育学院学报, 2012 (2): 10-13.

[174] 张强，朱立言. 美国联邦政府绩效评价的最新进展及启示 [J]. 湘潭大学学报（哲学社会科学版），2009（5）：24 - 30.

[175] 张汝立. 外国政府购买社会公共服务研究 [M]. 北京：社会科学文献出版社，2014.

[176] 张小沛，戴健，等. 社区公共体育服务精细化治理：科学内涵、创新动力与现实路向 [J]. 体育学刊，2021（5）：23 - 29.

[177] 张学研，楚继军. 政府购买公共体育服务绩效评估指标体系研究 [J]. 广州体育学院学报，2015（9）：4 - 8.

[178] 赵慧娣. 新时代背景下公共体育服务供给侧结构优化路径研究 [J]. 体育与科学，2018（2）：20 - 26.

[179] 赵聂. 基于 DEA 模型的公共体育服务绩效评价研究 [J]. 成都体育学院学报，2008（6）：8 - 10.

[180] 赵卿. 财政支出视角下贵州省基本公共服务均等化问题研究 [D]. 贵阳：贵州大学，2017.

[181] 赵扬楠. 承接政府购买公共体育服务项目的运行流程研究 [D]. 苏州：苏州大学，2018.

[182] 赵颖. 韩国政府购买服务的进展、问题及经验 [J]. 韩国研究论丛，2017（2）：224 - 236.

[183] 赵云，潘小炎. 含义、内容、方式以及对象的确认是推进政府购买卫生服务方式的前提 [J]. 中国卫生经济，2010（9）：29 - 30.

[184] 郑旗. 我国地方政府购买公共体育服务政策执行机制 [J]. 北京体育大学学报，2017（6）：19 - 26.

[185] 郅伟勇. 公共体育服务供给模式研究 [D]. 泰安：山东农业大学，2013.

[186] 中国共产党第十八次全国代表大会 [DB/OL]. 共产党员网，https://www.gov.cn/govweb/18da/lcddh.htm? eqid = a905a009000038ae0000000464633a20.

[187] 中国共产党第十八届中央委员会第三次全体会议 [DB/OL]. https://www.chinanews.com.cn/gn/z/18szqh/index.shtml? qq - pf - to = pc-qq.c2c.

[188] 中国共产党第十九次全国代表大会 [DB/OL]. 共产党员网, http：//www. 12371. cn/special/19da/bg.

[189] 中华人民共和国财政部. 政府购买服务管理办法 [DB/OL]. https：//www. gov. cn/gongbao/content/2021/content_5582627. htm？ eqid = a07ab bf90000364e00000006645da827.

[190] 钟大能. 政府购买服务实践中的多重关系问题研究 [J]. 西南民族大学学报（人文社科版）, 2015 (12)：136 - 141.

[191] 周波. 政府购买公共服务的国际经验 [J]. 中国财政, 2018 (11)：57 - 58.

[192] 周建新, 王凯. 政府购买体育公共服务的困境与突破——基于供方与买方缺陷的视野 [J]. 体育与科学, 2014 (5)：49 - 53.

[193] 周结友. 体育社会组织承接政府职能转移中存在的问题及对策 [J]. 体育学刊, 2014 (5)：36 - 42.

[194] 周新香. 地市级政府购买公共服务的发展历程和展望 [J]. 中国市场, 2019 (27)：98, 104.

[195] 朱国胜. 常州市政府购买公共体育服务的完善路径研究 [D]. 苏州：苏州大学, 2017.

[196] 朱毅然. 发达国家政府购买公共体育服务的经验及启示 [J]. 天津体育学院学报, 2014 (4)：290 - 295.

[197] 宗素素. 政府购买社会体育指导员服务的探索研究 [D]. 北京：北京体育大学, 2012.

[198] B. 盖伊·彼得斯. 政府未来治理模式 [M]. 北京：中国人民大学出版社, 2001.

[199] Bardhan P, Mookherjee D. Expenditure decentralization and the delivery of public services in developing countries [J]. Working Paper, 1998 (5)：132 - 147.

[200] Barraket J, Weissman J. Social procurement and its implications for social enterprise：A literature review Working Paper No. CPNS48 [J]. The Australian Centre for Philanthropy and Nonprofit Studies, 2009：174 - 175.

[201] Blöndal J R. International experience using outsourcing public-private

partnerships and vouchers [M]. Washington, DC: IBM Center for the Business of Government, 2005.

[202] Blöndal J R. Market-type mechanisms and the provision of public services [J]. OECD Journal on Budgeting, 2005 (1): 79 – 106.

[203] Bosch G, Me saros L, Schilling G, et al. The public sector pays system and public procurement in Germany [J]. National Report. University of Duisburg. IAQ, 2012 (5): 58 – 62.

[204] Boyne, G. A. Bureaucratic theory meets reality: Public choice and service contracting in US local government [J]. Public Administration Review, 1998 (6): 474 – 484.

[205] Brignall S, Modell S. An institutional perspective on performance measurement and management in the new public sector [J]. Management Accounting Research, 2000 (3): 281 – 306.

[206] Campbell, McCloy, et al. A theory of performance [M]. W. C. Borman and Associates Personnel Selection in Organizations, 1990.

[207] Clive H. Private participation in infrastructure in developing countries: Trends, impacts, and policy lessons [M]. The World Bank, 2003.

[208] Cordella A, Willcocks L. Government policy, public value and IT outsourcing: The strategic case of ASPIRE [J]. The Journal of Strategic Information Systems, 2012 (4): 295 – 307.

[209] Cordella A, Willcocks L. Outsourcing, bureaucracy and public value: Reappraising the notion of the 'contract state' [J]. Government Information Quarterly, 2010 (1): 82 – 88.

[210] Di Domenico M, Tracey P, Haugh H. Social economy involvement in public service delivery: Community engagement and accountability [J]. Regional Studies, 2009 (7): 981 – 992.

[211] Di Francesco M. Process not outcomes in new public management 'Policy coherence' In Australian government [J]. The Drawing Board: An Australian Review of Public Affairs, 2001 (3): 103 – 116.

[212] Dollery B, Grant B, Akimov A. A typology of shared service provision

in Australian local government [J]. Australian Geographer, 2010 (2): 217 – 231.

[213] Domberger S, P Jensen. Contracting out by the public sector: Theory, evidence prospects [J]. Oxford Review of Economic Policy, 1997 (4): 67 – 78.

[214] Domberger S, Rimmer S. Competitive tendering and contracting in the public sector: A survey [J]. International Journal of the Economics of Business, 1994 (3): 439 – 453.

[215] Ferris, J. M., E. Graddy. Contracting out: For what with whom [J]. Public Administration Review, 1986 (4): 332 – 344.

[216] G. A. Boyne. Concepts and indicators of local authority performance [J]. Public Money & Management, 2002 (5): 22 – 17.

[217] G. Stoker. Public Value Management: A new narrative for networked governance [J]. American Review of Public Administration, 2006 (1): 41 – 57.

[218] García – Unanue J, Felipe J L, Gallardo L. Using action research to achieve the implementation of cost accounting: The case of the public sports organizations at local level [J]. Systemic Practice and Action Research, 2015 (2): 111 – 123.

[219] Girth A M, Hefetz A, Johnston J M, et al. Outsourcing public service delivery: Management responses in noncompetitive markets [J]. Public administration review, 2012 (6): 887 – 900.

[220] In N. Schitt & W. Borman (Eds). Personnel selection in organizations [M]. New York: Jossey – Bass, 1993: 71 – 98.

[221] J Downe, C Grace, S Martin, et al. Theories of public service improvement: A comparative analysis of local performance assessment frameworks [J]. Public Management Review, 2011 (1): 663.

[222] Jaekel T. Modern sports-for-all policy: An international comparison of policy goals and models of service delivery [J]. Higher School of Economics Research Paper, 2017 (2): 103 – 105.

[223] K. E. Newcomer. Meeting the challenges of performance-oriented government [M]. Washington D. C: American Society for Public Administration, 2002.

［224］ Kim J, Kaneko Y. Social service contracting-out in Korea and Japan：Municipal governments, nonprofit contractors, and local residents ［J］. Korean Journal of Policy Studies, 2011（5）：145 – 154.

［225］ Kim N R, Hong S G. Text mining for the evaluation of public services：The case of a public bike-sharing system ［J］. Service Business, 2020（3）：315 – 331.

［226］ L. Eboli, G. Mazzulla. Service quality attributes affecting customer satisfaction for bus transit ［J］. Journal of Public Transportation, 2007（8）：10 – 21.

［227］ Loeffler E, Bovaird T. Co-commissioning of public services and outcomes in the UK：Bringing co-production into the strategic commissioning cycle ［J］. Public Money & Management, 2019（4）：241 – 252.

［228］ Matsumoto T. Risk management and governance for PFI Project：Technology policy lessons from the case of Japan ［D］. Massachusetts Institute of Technology, 2012.

［229］ Matthews D. Strategic procurement in the public sector：A mask for financial and administrative policy ［J］. Journal of Public Procurement, 2005（3）：53 – 67.

［230］ Michael Armstrong, Angela Baron. Performance management ［M］. London：The Cromwell Press, 1984.

［231］ Michaillat P, Saez E. The optimal use of government purchases for stabilization ［J］. National Bureau of Economic Research, 2015（4）：378 – 389.

［232］ Mikhailov L, Tsvetinov P. Evaluation of services using a fuzzy analytic hierarchy process ［J］. Applied Soft Computing, 2004（1）：23 – 33.

［233］ Millar P, Stevens J. Management training and national sport organization managers：Examining the impact of training on individual and organizational performances ［J］. Sport Management Review, 2012（3）：288 – 303.

［234］ Murray D, Howat G. The relationships among service quality, value, satisfaction, and future intentions of customers at an Australian sports and leisure center ［J］. Sport Management Review, 2002（1）：25 – 43.

［235］ Narbón – Perpiñá I, De Witte K. Local governments' efficiency：A systematic literature review—part I [J]. International Transactions in Operational Research, 2018 (2): 431 –468.

[236] O'Boyle I. Developing a performance management framework for a national sport organization [J]. Sport Management Review, 2015 (2): 308 –316.

[237] Preuss L. Addressing sustainable development through public procurement: The case of local government [J]. Supply Chain Management: An International Journal, 2009 (2): 52 –63.

[238] Revelli F. Spend more, get more? An inquiry into English local government performance [J]. Oxford Economic Papers, 2010 (1): 185 –207.

[239] Saaty R W. The analytic hierarchy process—what it is and how it is used [J]. Mathematical Modeling, 1987 (3 –5): 161 –176.

[240] Sarter E K, Sack D, Fuchs S. Public procurement as social policy? An introduction to social criteria in public procurement in Germany [J]. Working Paper, 2014 (5): 34 –38.

[241] Steane P D, Walker D H T. Competitive tendering and contracting public sector services in Australia—A facilities management issue [J]. Facilities, 2000 (3): 626 –629.

[242] Torres L, Pina V. Delivering public services—mechanisms and consequences: Changes in public service delivery in the EU countries [J]. Public Money and Management, 2002 (4): 41 –48.

[243] Vargas L G. An overview of the analytic hierarchy process and its applications [J]. European Journal of Operational Research, 1990 (1): 2 –8.

[244] Wagner A. Three extracts on public finance [M]. Classics in the Theory of Public Finance, London, 1958.

[245] Warner M E, Bel G. Competition or monopoly Comparing privatization of local public services in the US and Spain [J]. Public Administration, 2008 (3): 723 –735.

[246] Warner M E, Hefetz A. Insourcing and outsourcing: The dynamics of privatization among US municipalities 2002 –2007 [J]. Journal of the American Planning Association, 2012 (3): 313 –327.

［247］Waterman J, McCue C. Lean thinking within public sector purchasing department: The case of the UK public service ［J］. Journal of Public Procurement, 2012 (4): 505.

［248］Wollmann H. Public and personal social services in European countries from public/municipal to private—and back to municipal and "third sector" provision ［J］. International Public Management Journal, 2018 (3): 413 – 431.

［249］Zhu Xiaohong. Ronald J. Oxon's governance of local public economy theory and its enlightenment ［J］. Administration and Law, 2011 (1): 233.

后　记

　　随着服务型政府理念的提出，公共服务建设在政府转变职能过程中变得日益重要。政府向社会组织购买公共服务是一种新型的公共服务供给方式。公共服务的供给方式由政府包办逐步向政府购买转变，政府也从传统公共服务"生产者"的角色逐渐转变成为公共服务生产的"授权者"。毋庸置疑，由社会组织提供公共服务符合我国经济、政治体制改革的发展要求，对我国公共服务事业的发展具有重大影响。"十三五"规划明确提到，坚持普惠性、保基本、均等化、可持续方向，从解决人民最关心最直接最现实的利益问题入手，建立更高效的公共服务。为了完善公共服务建设，满足人民的需求，必须对公共服务建设进行评价和反馈，而政府公共服务绩效评价体系作为最重要的评价工具，已经成为国内外研究和实践关注的热点。

　　本书首先梳理了国内外专家学者关于政府购买公共体育服务的研究情况，包括价值取向、评价方法和指标体系，然后归纳分析了专家们对指标筛选、评价方法选择和评价标准确定等方面的内容。具体包括六个部分。第一部分阐述本书的研究目的和研究意义，梳理国内外政府购买公共体育服务的相关理论和实务研究成果，介绍本书的框架体系和研究方法。第二部分总结国外政府购买公共体育服务及绩效评价的经验，为我国政府向体育社会组织购买公共体育服务提供参考。第三部分总结我国政府向体育社会组织购买公共体育服务的发展历程、取得的成效、存在的问题及绩效评价的现状。第四部分提出政府向体育社会组织购买公共体育服务绩效评价指标体系的设计原则及方法，利用李克特量表筛选优化绩效评价指标体系，采用层次分析法确定绩效评价指标权重，基于模糊综合评价法构建政府购买社会组织公共服务的绩效评价模型，依据"4E"理论，结合"三位一体"的评价主体，即政府、承接机构、服务对象，从不同角度、不同层次进行绩效评价，从而系统构建涵盖 3 个一级指标、8 个二级指标、45 个三级指标的地方政府购买公共体育服务绩效评价指标体系，并提出提高我国政府购买公共体育服务绩效的建议。第五部分选取江苏省的国家体育消费试点城市——南京市、苏州市和常州市三个具有代表性的地方政府购买公共体育服务绩效评价作为案例，验证所构建的政府购买公共体育服务绩效评价模型的实用性。第六部分归纳分析主要研究内容，并指出未来值得进一步研究的问题。

本书参考了众多学者的研究观点，并在调研过程中得到了国家体育总局和南京市、苏州市、常州市体育局等相关管理部门的大力支持和热情帮助，经过课题组成员张新奥、赖诗琪、牛瑞新、马弘宇、张润晨等同学的共同努力，本书得以顺利完成，在此一并表示感谢。当然，地方政府购买公共体育服务的理论与实践涵盖内容全面，其研究思路、视野难免与体育事业快速发展的现实存在差距，受研究水平所限，不足之处在所难免，敬请批评指正！

李燕领

苏州大学凌云楼

2024 年 6 月 6 日